Hermann Bausinger

**Ergebnisgesellschaft. Facetten der Alltagskultur**

**LUDWIG-UHLAND-INSTITUT** FÜR EMPIRISCHE KULTURWISSENSCHAFT

# Hermann Bausinger

# **Ergebnisgesellschaft**

## Facetten der Alltagskultur

t·v·v· Tübinger Vereinigung
für Volkskunde e. V.

IMPRESSUM

Die Deutsche Nationalbibliothek verzeichnet diese Publikation in der Deutschen Nationalbibliografie; detaillierte bibliografische Daten sind im Internet über http://dnb.d-nb.de abrufbar.

Hermann Bausinger: Ergebnisgesellschaft. Facetten der Alltagskultur - Tübingen: Tübinger Vereinigung für Volkskunde e. V., 2015.

ISBN: 978-3-932512-84-1

Gestaltungskonzept: Christiane Hemmerich Konzeption und Gestaltung
Umschlaggestaltung: Aikaterini Filippidou
Satz: Fabian Wiedenbruch
Druck: Gulde-Druck, Tübingen

# Noch eine -gesellschaft...

*Ergebnisgesellschaft.* Nein, kein Druckfehler. Die *Erlebnisgesellschaft* ist schon einige Jahrzehnte in der Diskussion. In seiner Vorschau auf die 1980er Jahre legte Horst W. Opaschowski den Akzent auf die Erlebnisorientierung: „Freizeit wird wesentlich Erlebniszeit", und 1992 veröffentlichte Gerhard Schulze seine umfangreiche Studie *„Die Erlebnisgesellschaft"*, die diesem Begriff eine Schlüsselfunktion für die Gegenwart zuwies und dies mit einer Fülle empirischer Beobachtungen und Daten fundierte. Ich kann nicht ausschließen, dass sich bei mir die Vorstellung der Ergebnisgesellschaft herausbildete, als ich mir auf die Erlebnisgesellschaft einen Reim zu machen suchte – die Verwandtschaft besteht ja nicht nur in der ähnlichen Lautform, sondern auch in wesentlichen Teilen der inhaltlichen Charakterisierung.

Gerhard Schulze koppelt die Erlebnisorientierung an das Ideal eines schönen Lebens, das sich in unterschiedlichen Milieus jeweils anders darstellt, das also nicht nur in luftigen ästhetischen Höhenlagen vorhanden ist. Er spürt die Erlebnisse in oft ganz banalen Zusammenhängen auf und zeigt vor allem, wie sie durch den *Erlebnismarkt* mit seinen vielseitigen Angeboten gesteuert werden. Er registriert aber auch, dass für diesen Markt der schnelle Wechsel charakteristisch ist: „Im Akt des Konsumierens ist schon das Drängen des nächsten Angebots spürbar", das auf einen Konsumenten zielt, „dem es mehr auf das Nehmen ankommt als auf das Haben". Abwechslung wird „zum Prinzip erhoben", und der Zeittakt des Erlebens wird immer hektischer. Die Suche nach Erlebnissen nimmt oft suchtartige Züge an. Noch einmal Schulze: „Allmählich sind zwischen den Erlebnisepisoden keine Zeiträume mehr frei. Nun erreicht die Intensivierung des Erlebens ihre nächste Stufe. Die durchschnittliche Erlebnisdauer wird immer kürzer." Schulze erwähnt in diesem Zusammenhang „das Springen zwischen den Fernsehprogrammen als Symptom einer allgemeinen Entwicklung". Die Erlebnisse vermitteln nur „punktuelle Befriedigung", und dies führt zu einer „permanenten Steigerung des Appetits". Dies scheint mir der Punkt zu sein, an dem die Erlebnisgesellschaft in die Ergebnisgesellschaft umkippt.

Das Wort Erlebnis ist in der deutschen Sprache (aus der es sich nur schwer in andere Sprachen übersetzen lässt) mit gewichtigen Wertvorstellungen befrachtet. Man denke nur an die Erlebnispädagogik, die immer wieder als *ganzheitliche Erziehung* gefasst wurde und über die intellektuelle Entwicklung hinaus auch die Formung des Gefühls, die körperliche Bildung und die soziale Kompetenz einschloss. Im Konzept der Erlebnisgesellschaft ist dieser Hintergrund gegenwärtig. Die positive Konnotation und die Hochschätzung von Erlebnis haben sicher dazu beigetragen, dass Erlebnisgesellschaft zum populären Schlagwort und Etikett geworden ist. Vor allem aber dient die Kategorie Erlebnis in vielen Bereichen, nicht zuletzt in der kommerziellen Werbung der Aufwertung bereitgestellter Angebote: Erlebnisreise, Erlebnisgastronomie, Erlebnisshopping etc.

Das Konzept der Ergebnisgesellschaft stellt diese Verbrämung von oft banalen Gegebenheiten in Frage. Gerhard Schulze betont für die Erlebnisgesellschaft die *Innenorientierung*: „Was von außen kommt, wird erst durch Verarbeitung zum Erlebnis". Aber die Verarbeitung (falls man davon überhaupt sprechen kann) wird in vielen Feldern tendenziell immer flüchtiger; es wird dann nicht eigentlich erlebt, sondern *abgehakt* – an die Stelle tieferer Gefühlsbewegung tritt die hastigere Sensation, und die Reflexion schrumpft zum Reflex. Dies rechtfertigt den Begriff der Ergebnisgesellschaft und damit eine gewisse Abkehr von der Innenorientierung. Auch die nur flüchtig aufgenommenen Ergebnisse wirken erst in der subjektiven Rezeption; aber über die ständige Jagd nach Ergebnissen liefern sich die Menschen weitgehend den objektiven Angeboten aus.

In den digitalen Medien werden vielfach nicht gezielt bestimmte Spots und Infos aufgesucht, sondern es wird mit den fast unbegrenzten Wahlmöglichkeiten gespielt; in rascher Folge wird eine Vielzahl von Inhalten aufgerufen und auch gleich wieder verlassen. Der Vorgang des Zappens mit der Fernbedienung ist vergleichbar. Dabei wird meistens ja keineswegs etwas Bestimmtes gesucht – für diese Absicht gibt es schließlich Programmzeitschriften und Programmüberblicke, in der Zeitung wie im Netz. Der rasche Wechsel der Programme führt auch nicht von einem Erlebnis zum andern, vielmehr erschöpft sich das Zappen meist darin, dass die verschiedenen Programmangebote schnell hintereinander abgerufen und dass die einzelnen Spots in Sekundenschnelle abgehakt werden.

Die Grundthese dieses Buchs ist, dass dieses Verhalten auf viele Bereiche übergreift, dass also das quasi sinnlose Abrufen von Ergebnissen mit der gezielten Suche von Erlebnissen und mit dem Ziel sinnvoller Gestaltung der Lebensverhältnisse zumindest konkurriert; und in einigen Bereichen ist das bloße Abhaken, also die Ergebnisorientierung so ausgeprägt, dass die Kategorie Erlebnis nicht mehr greift. Dies wird im Folgenden in der ganzen Buntheit und in vielen Feldern gezeigt. Das reicht vom Umgang mit Geld bis zu sportlichen Liebhabereien, von Sightseeing bis zum geselligen Spiel, vom small talk bis zum Twittern, vom Krankheitsverständnis bis zur Mode, von Freizeithobbys bis zur Organisation von Arbeit und Wirtschaft. Die angeführten Beispiele stammen aus Beobachtungen in Deutschland mit einem gewissen Akzent auf dem Südwesten; aber die hier herausgestellte Tendenz ist in den meisten Industrienationen wirksam. Im Zusammenhang mit wirtschaftlichen Fragen ist der Begriff Ergebnisgesellschaft schon verwendet worden: Die Zeitschrift *Mitbestimmung* brachte 2003 ein Streitgespräch, in dem der Betriebsrat eines technologischen Unternehmens auf die mangelnde Qualifikation von Managern einging und feststellte: „Wir haben keine Leistungsgesellschaft, sondern eine Ergebnisgesellschaft. Wie das Ergebnis erzielt wird, ist ja egal." In einer derartigen Äußerung wird die große Reichweite und werden die ernsthaften Implikationen der Ergebnisgesellschaft deutlich, die überwiegend im ökonomischen Bereich angesiedelt sind. Der Begriff öffnet aber einen Blick auf das Ganze unserer gegenwärtigen Kultur – Kultur natürlich nicht verstanden als abgehoben-elitäres Angebot, sondern als Modellierung des Lebens der Menschen, die auch den Alltag formt. Ich spreche von *einem Blick* auf die gegenwärtige Kultur – es ist sicher nicht die einzige Perspektive. Dies geht schon daraus hervor, dass für die Charakterisierung unserer Gesellschaft in den letzten Jahren und Jahrzehnten viele Etiketten bereitgestellt wurden, manchmal Wortschöpfungen, die nur kurze Zeit als Versuchsballon durch die Feuilletons flogen, oft aber auch stabile Begriffe, die durch präzise Beobachtungen und umfassende Theorien gestützt sind. *Postindustrielle* und *postmoderne Gesellschaft, Wissensgesellschaft* und *Bildungsgesellschaft, Mediengesellschaft* und *Informationsgesellschaft, Risikogesellschaft* und *Möglichkeitsgesellschaft, Multioptionsgesellschaft* und *Bastelgesellschaft, Singlegesellschaft* und *hedonistische Gesellschaft, Müdigkeitsgesellschaft* und *erschöpfte Gesellschaft* – die Reihe ließe sich noch fortsetzen, und Manfred Prisching hat gewissermaßen die Summe gezogen, indem er von der *Etikettengesellschaft* spricht: Die Wirklichkeit ist so komplex und unübersichtlich geworden, dass der Bedarf an umfassenden Typisierungen wächst.

Zu diesen gehören ja auch die Markenbezeichnungen für verschiedene Generationen, beginnend mit Helmut Schelskys Prägung *Skeptische Generation*, der später *die 68er* folgten, abgelöst von der *Generation Golf*, die der in Douglas Couplands Roman vorgestellten *Generation X* nahesteht. Inzwischen propagiert der kanadische Schriftsteller die *Generation A*, und in Deutschland spricht man von der *Generation Y*, die durch ihre Karriere-Orientierung und biederes Verhalten charakterisiert ist und die pauschale Annahmen über die rebellische Jugend in Frage stellt. Die Markierungen folgen immer schneller aufeinander. Die Generationsbezeichnungen sind vor allem auf die jungen Menschen gemünzt, wobei die Orientierung an der biologischen Generation mit der historischen gekoppelt ist: Die Bezeichnungen zielen auf individuelle wie auf gesellschaftliche Entwicklungsphasen und damit auf begrenzte Zeiträume. Die Generationen und ihre Namen lösen einander ab, während die Etikettierungen der ganzen Gesellschaft zwar auf gesellschaftliche Veränderungen reagieren, aber großenteils über längere Zeitstrecken nebeneinander existieren.

Bei diesen Etikettierungen handelt es sich im Allgemeinen um vollmundige Botschaften; sie werden manchmal – weniger von ihren Urhebern als von missionierenden Anhängern – präsentiert, als seien damit alle Welträtsel gelöst. Es sind aber immer nur Perspektiven auf die Gesellschaft, deren Vielschichtigkeit und Buntheit jede Etikettierung durchbricht. Im Jahr 1918 veröffentlichte der Ökonom Norbert Einstein „*Aufsätze zum Wesen der Gesellschaft*" unter dem Titel "*Der Alltag*". Er griff in dem kleinen Buch einzelne Alltagsphänomene heraus: den Gruß, die Sommerfrische, das Pensionat, den Geburtstag, die Zigarette, die Dessous, die Schokolade – doch er reflektierte auch das Ganze der Gesellschaft.

Dabei betonte er aber, diese zeitige „eine so große und widerspruchsvolle Fülle von Gesichten, dass nicht irgendein willkürliches Prinzip genügt, um diese Gesellschaft zu erklären und zu begreifen". An diese Einschränkung ist bei allen Versuchen zu erinnern, die innere Struktur einer Gesellschaft aus einer Perspektive verständlich zu machen.

Andererseits ist es keineswegs so, dass die in den letzten Jahren bereitgestellten Etiketten nur zufälligen Ausschnitten der Wirklichkeit zugeordnet werden können; die meisten zielen auf zentrale Positionen, von denen sich Netze über weite Teile der Gesellschaft spannen lassen. Das wird auch dadurch deutlich, dass es sich bei den Etikettierungen nicht um ein beziehungsloses Nebeneinander handelt, dass vielmehr immer wieder Verbindungslinien gezogen werden können. In seinem Entwurf der *Risikogesellschaft* zeigte Ulrich Beck, dass die von der Industriegesellschaft weg führenden Modernisierungsprozesse nicht nur unter ökologischen Aspekten, sondern auch im ganzen sozialen Bereich Gefährdungslagen erzeugen. Die Schwierigkeit und manchmal Unmöglichkeit der Steuerung hat ein hohes Maß von Unsicherheit in die individuellen Lebensverläufe hineingetragen. Manche institutionellen Sicherungsmaßnahmen sind ebenso verloren gegangen wie die Eindeutigkeiten der Tradition – die Wahl- und Entscheidungsmöglichkeiten der Menschen sind größer geworden. Dies wird betont in der von Peter Gross ausgemalten Szenerie der *Multioptionsgesellschaft*, die immer mehr Freiheiten gewährt, dabei aber die alten Halteseile kappt. In den 1970er Jahren wurden die gängigen Appelle zu Emanzipation und Selbstverwirklichung ironisiert durch die angebliche Frage eines Kita-Zöglings: „Müssen wir heute schon wieder spielen, was wir wollen?" In dieser kindlichen Frage steckt der Gegensatz von Freiheit und Unsicherheit, der die Multioptionsgesellschaft charakterisiert und der die Menschen auf die Balance einer *Bastelexistenz* verweist, wie sie Roland Hitzler skizzierte: Nicht nur der Markt für Dinge, sondern auch der für Deutungen ist größer und unübersichtlicher geworden; die Lebenswege folgen seltener eingezäunten und geradlinigen Karrieren, sondern fordern rasches und flexibles Reagieren auf sich verändernde Konstellationen.

Leicht könnten von hier aus weitere Querverbindungen gezogen werden, etwa zur Informations- und Wissensgesellschaft oder zur Erlebnis- und hedonistischen Gesellschaft, und auch die *Ergebnisgesellschaft* erweist sich als anschlussfähig. Die in der Risikogesellschaft vorhandene Unsicherheit und mangelnde Planungssicherheit lenkt den Blick auf kurzfristige Entscheidungen und das schnelle Ergebnis, Improvisation ist gefragt. Gleichzeitig werden die angestrebten oder erzielten Ergebnisse aber leichtgewichtiger. Die Eröffnung vieler Optionen kann einerseits zur Lähmung, zur Unfähigkeit des Handelns führen, provoziert aber häufiger „Überbetriebsamkeit", das Wettrennen der Erprobung vieler Möglichkeiten, das Aneinanderreihen diffuser Ergebnisse. Die daraus entstehende Hektik führt ebenso wie ein Übermaß an angestrengter Arbeit auf die *erschöpfte Gesellschaft* zu, die neuerdings von Stephan Grünewald beschrieben wurde.

Die deutlichste Verbindung besteht mit dem Konzept der Erlebnisgesellschaft. Wenn Opaschowski in seinem Entwurf die *Extremgesellschaft* auf die Erlebnisgesellschaft folgen lässt, zielt das in die hier eingeschlagene Richtung, und in Gerhard Schulzes Untersuchung wird das Zusteuern auf schnelle Verwirklichung, das man geradezu als Ergebnisgeilheit fassen kann, an vielen Stellen sichtbar. Man kann sagen, dass die Vorstellung einer Ergebnisgesellschaft so zwingend aus derjenigen der Erlebnisgesellschaft hervorgeht, dass man meine kulturwissenschaftliche Darstellung fast auffassen kann als pointierende, teilweise aber auch kontroverse Fußnote[1] zu Gerhard Schulzes Entwurf.

Meine Studie ist auf die gegenwärtige Gesellschaft ausgerichtet, aber mit weitwinkliger Perspektive. Befunde aus der Vergangenheit werden mit herangezogen, und dies nicht nur aus allgemeinem kulturgeschichtlichem Interesse. Man kann immer wieder feststellen, dass Gegenstände und Konstellationen, die rasch als modern oder postmodern klassifiziert werden, älteren Ursprungs sind oder wenigstens Vorläufer hatten. Und wo dies nicht der Fall ist, kann der historische Blick manchmal die Kippstellen markieren, an denen sich die neuen Strukturen herausbilden.

Die folgenden Kapitel, die jeweils einem Teilgebiet unserer Kultur gewidmet sind, können dabei nicht allen Verästelungen folgen. Sie greifen nur wenige Detailbefunde auf und setzen sich nicht systematisch mit den speziellen Ergebnissen empirischer Forschung auseinander, die auf diesen verschiedenen Feldern angesammelt wurden. In diesem Zusammenhang dürfte der Hinweis angebracht sein, dass die Ausdehnung der Forschung wie auch die neuen Möglichkeiten und Erfordernisse der Publikation dazu geführt haben, dass schon innerhalb der Teilgebiete kaum mehr alles zur Kenntnis genommen werden kann. Umso wichtiger ist deshalb der Blick auf die größeren Zusammenhänge und die Herausarbeitung von Gemeinsamkeiten, die für alle Bereiche der Kultur prägend sind.

Die Präsentation der Teilbereiche ist nicht in eine hierarchische Ordnung gebracht, die sich am gesellschaftlichen Gewicht der behandelten Gegenstände orientiert. Eher richtet sich die Reihenfolge nach dem Grad der Evidenz für die Abhängigkeit von Ergebnissen, die in dem jeweiligen kulturellen Sektor sichtbar wird. Vor allem aber soll die bunte Abfolge deutlich machen, dass das in den Mittelpunkt gerückte Prinzip des relativ beliebigen, raschen und, wie man sagen könnte, leichtsinnigen Umgangs mit Dingen, Konstellationen und Problemen fast überall in unserer Gesellschaft aufzuspüren ist. Die Darstellung spiegelt so in gewisser Weise selbst die Bedingungen der Ergebnisgesellschaft.

---

1   Als Fußnote ohne (weitere) Fußnoten. Angesichts des weitgespannten Überblicks und der vielfältigen Zugänge versteht es sich von selbst, dass sich der Verfasser in vielen wissenschaftlichen Sektoren bedienen musste. Bei Zitaten und bei der Übernahme substanzieller Gedanken sind die Urheber im Text erwähnt; eine detaillierte Darstellung und kritische Analyse einzelner Forschungen hätte den Rahmen gesprengt und erschien auch nicht notwendig, da die Einzelbefunde immer im Blick auf das Gesamtkonzept herangezogen werden.

# Tabellensport

Sport ist der Bereich, in dem das Stichwort *Ergebnis* eine besonders wichtige Rolle spielt. Konkurrieren könnte höchstens die Mathematik oder die Börse – aber dabei handelt es sich um recht spezielle Bereiche, an denen relativ wenige Menschen Anteil haben. Zumindest im Vergleich mit dem Sport, mit dem in der einen oder andern Form fast alle Menschen zu tun haben. Für den Sport ist es aber auch charakteristisch, dass er in vielen Fällen zur rückhaltlosen Identifikation verlockt, dass er jedenfalls ein Engagement auslöst, wie es sonst fast nur in Liebesbeziehungen zu finden ist. Das auf größere Dauer zielende Engagement steht in einem gewissen Widerspruch zur auffallenden Orientierung an den grundsätzlich punktuellen Ergebnissen. Gerade deshalb ist eine Sondierung in diesem Feld geeignet, die Reichweite des Konzepts *Ergebnisgesellschaft* zu überprüfen.

Blättert man an einem Montag in Zeitungen, so findet man fast immer mehrere Seiten, die dem Sport gewidmet sind. Für regionale und lokale Blätter gilt das in der Regel noch mehr als für die großen Zeitungen. Dokumentiert wird, was an Sportereignissen am vorausgegangenen Wochenende stattfand; und während sich überregionale Zeitungen dabei oft auf die bedeutenderen Wettkämpfe beschränken können und müssen, bemühen sich die andern oft um eine sehr extensive Aufarbeitung – sie nehmen dabei Rücksicht auf ihre Leserschaft, die nicht nur an unterschiedlichen Sportarten interessiert ist, sondern die sich auch auf das ganze Absatzgebiet verteilt. Deshalb tauchen neben den Meldungen aus den obersten Ligen und zu Wettkämpfen von Spitzenclubs und Spitzenkönnern auch die Neuigkeiten über regionale Sportfeste und über dörfliche Vereine in der näheren Umgebung auf. Die Berichterstattung konzentriert sich überwiegend auf Ergebnisse, die im Fall von in Ligen geordneten Wettkämpfen meist noch in Tabellen transformiert werden. In ihnen erscheint der durch die Einzelergebnisse veränderte Ergebnisstand; man hat es also mit einer potenzierten Ergebnisorientierung zu tun.

Allerdings muss man in Rechnung stellen, dass den Zeitungen zum Teil nur eine resümierende Aufgabe zufällt. Schließlich haben Tausende die Sportereignisse unmittelbar vor Ort verfolgt, und Millionen waren über die anderen, schnelleren Medien wenigstens mittelbar beteiligt. Dies scheint den Hauptakzent auf Erlebnis zu legen – die Ausbreitung der Ergebnisse hätte nur den Charakter der Vergewisserung und Bestätigung. Aber in den Ergebnislisten und Tabellen wird nicht nur ungleich mehr angeboten, als was der direkten oder indirekten Beteiligung offen stand; dieses Angebot wird auch über weite Strecken angenommen. Konkret: Ich rekapituliere nicht nur die Spielergebnisse der Fußball-Bundesligen, sondern überzeuge mich auch, wie es den Vereinen meiner Stadt ergangen ist und wo sie in der Tabelle stehen; ich stoße beim Überfliegen einer Tabelle der

C-Liga auf ein Dorf, in dem ich vor Jahren einmal kurze Zeit gelebt habe, stelle zufrieden fest, dass der dortige Verein auf einem Aufstiegsplatz steht, werfe einen Blick auf andere Tabellen dieser Liga und wundere mich, dass darin auch der führende Verein der Nachbarstadt erscheint, der doch früher zwei Klassen höher gespielt hat, streife die Handball-Ligen, überspringe Volleyball, registriere aber die oberen Ligen im Basketball und staune über das ausgeglichene Feld, bis mir durch den Kopf geht, dass dies auch mit einer neu eingeführten Punktwertung zu tun hat, die mir ein Fachmann kürzlich erklärt hat. Ehe ich durch das Eingeständnis weiterer Zeitvergeudung meinen Ruf vollends ruiniere, breche ich besser ab – aber ich behaupte, dass der Sportteil der Zeitungen von Vielen in ähnlicher Weise konsumiert wird.

Er beschränkt sich allerdings nicht auf die bloße Auflistung, es gibt ja zum Beispiel auch Spielberichte, und die Reporter bemühen sich meist, diese möglichst erlebnisstark zu gestalten, den Lesern also auch die Stimmung, die Atmosphäre eines Spiels oder eines anderen Wettkampfs nahe zu bringen. Aber auch in diesen Passagen kippt das Erlebnis leicht ins Ergebnis: Herausgestellt wird meist, was in Kurzform auch im Tabellenteil zu lesen ist – Torschützen und Torschüsse mit genauer Minutenangabe, die auch bei der Aufzählung der vom Schiedsrichter verteilten Roten Karten nicht fehlt. Zweifellos werden Fernseh- oder Rundfunksendungen anders aufgenommen, jedenfalls dann, wenn sie sich nicht auf die Wiedergabe dramatischer Höhepunkte konzentrieren; aber selbst wo Spiele in voller Länge übertragen werden, schrumpft das ausgedehnte Erlebnis spätestens im erinnernden Rückblick weithin auf zählbare Ergebnisse zusammen. Dies lässt sich auch am Ärger ablesen, der sich meldet, wenn durch eine Ablenkung während der Sendung ein möglicherweise entscheidendes Tor versäumt wurde oder wenn gar das Schlussergebnis buchstäblich im Dunkeln bleibt, weil eine Fernsehstörung auftritt. Dass sich manche Leute ärgern, wenn ihnen ein wichtiges Ergebnis vor der Sportschau mitgeteilt wird, steht nur scheinbar im Widerspruch dazu; tatsächlich ist auch das ein Indiz dafür, dass auf die Kenntnisnahme des Endergebnisses und damit auf ein strikt punktuelles Erlebnis das Hauptinteresse gerichtet ist.

Die Ausrichtung auf Ergebnisse wird dadurch befördert, dass sie die wichtigsten Krücken für die Bewertung sportlicher Leistungen sind. Bei einem Fußballspiel registriert man zwar technische Tricks und gelungene Kombinationen, Fehlpässe und Fouls, aber letztlich sind es nur die Ergebnisse, die *man getrost nach Hause tragen* kann – oft auch tragen *muss*, wenn die ‚falsche' Mannschaft gewonnen hat. In manchen sportlichen Disziplinen ist es außerdem so, dass die Leistung schwer erkennbar oder einschätzbar ist und fast nur durch zählbare Ergebnisse vermittelt wird. Als Beispiel kann das Schispringen angeführt werden. Bei großen Wettkämpfen ist die Abfolge der Sprünge seit einiger Zeit so organisiert, dass immer zwei Springer gegeneinander antreten, sodass nach jeweils zwei Sprüngen ein wichtiges Teilergebnis zustande kommt, denn der schlechter abschneidende Springer scheidet zumindest vorläufig aus. In Fernsehübertragungen bemüht sich die Regie, mittels Zoom, Wiederholungen in Zeitlupe und eingeblendeter Zielmarkierungen Verständnishilfen anzubieten, und die Reporter, sofern sie nicht in schwärmerischen Formulierungen baden, geben sachliche Hinweise – aber der Erfahrungshintergrund ist bei der Mehrzahl der Zuschauer so dürftig, dass sie die dicht aufeinander folgenden Sprünge nur über das Ergebnis einordnen können. Bezeichnenderweise wird dabei die Benotung weniger zur Kenntnis genommen als die Weite, die als sicherer Maßstab akzeptiert wird.

Mit den Wurf- und Sprungwettbewerben der Leichtathletik verhält es sich ähnlich. Und bei Laufwettbewerben werden – in TV-Sendungen und manchmal auch schon auf der Großleinwand im Stadion – die Zwischenzeiten eingeblendet, oder die Uhr läuft sichtbar mit; damit werden die Zuschauer in die Entwicklung eines Laufs mit seinen taktischen Finessen einbezogen, aber vor allem ist es ein Vorgriff auf das Endergebnis – ihm und damit der Entscheidung über den Sieg fiebert man entgegen. Nach dem Wettkampf ist die Aufmerksamkeit – in Kommentaren wie im allgemeinen Bewusstsein der Zuschauer – fast nur noch auf den Sieger oder die Siegerin gerichtet; und wo mit Gold, Silber und Bronze die drei vorderen Plätze herausgestellt werden, wird schon der oder die Vierte meist erbarmungslos ausgeblendet.

Diese Ausrichtung auf den Sieg hängt nun freilich eng mit Formen der Identifikation zusammen, die in einem gewissen Widerspruch zum bloßen Einsammeln und Abhaken von Ergebnissen stehen. Man bangt um den Sieg der „eigenen" Mannschaft oder der „eigenen" Vertreter, wobei sich diese Besitzanzeige meist auf die nationale, regionale oder lokale Zugehörigkeit bezieht; sie kann aber auch im Vorfeld frei gewählt worden sein – bekanntlich gibt es Fans und Fanclubs von einzelnen Bundesligamannschaften weit entfernt von deren Standorten. Und sie kann relativ spontan entstehen; auch ohne Identifikationsvorgaben entwickeln Zuschauer im Verlauf von Wettkämpfen Sympathien, die ihre Hoffnungen oft ganz entschieden beeinflussen. Es sind Hoffnungen, die letztlich auf ein bestimmtes Ergebnis gerichtet sind. Die starke Anteilnahme setzt also die Ergebnisorientierung nicht außer Kraft, und außerdem erschöpft sich diese nicht in den Fällen, in denen sie von heftigen Wünschen gesteuert ist; vielmehr gibt es einen beträchtlichen Überschuss in der Form, dass Ergebnisse mit ziemlich großer Beliebigkeit registriert und quasi eingesammelt werden. Wenn man das Wort nicht auf die Goldwaage legt, könnte man geradezu von einer Ergebnissucht vieler Sportinteressierter sprechen.

Dies wird gerade auch dort deutlich, wo die Medien die Möglichkeit geben, Sportereignisse live, also zeitgleich mitzuerleben. Eine seit langem beliebte Hörfunksendung berichtet während der Fußballsaison regelmäßig aus den verschiedenen Stadien, in denen die Spiele der obersten Liga gleichzeitig stattfinden. Dabei wird im kontinuierlichen Wechsel jeweils nach wenigen Minuten zu einem anderen Schauplatz umgeschaltet. Durchbrochen wird der gleichmäßige Rhythmus aber jedes Mal, wenn irgendwo ein Tor fällt – der neue Ergebnisstand wird den Hörern sofort übermittelt. Inzwischen sind auch Bildübertragungen ähnlich organisiert, und eine spezielle App, also ein im Rechner anwendbares besonderes Programm, mit der Bezeichnung *iLiga* gibt den Nutzern die Möglichkeit, ständig Informationen zu einzelnen Fußballspielen, zum derzeitigen Tabellenstand, zu personellen Veränderungen in den Vereinen und Ähnliches abzurufen. Schon nach relativ kurzer Zeit erreichte die produzierende Firma damit ein Millionenpublikum, von dem ein beachtlicher Teil die Angebote täglich nutzt.

Es könnten noch weitere Beispiele für die Vermittlung von Sportereignissen und die dabei übliche Orientierung an Ergebnissen angeführt werden; aber der Einwand liegt nahe, dass der Sport ja doch nicht auf die Perspektive der Zuschauerinnen und Zuschauer beschränkt werden darf. Das ist richtig; aber Tatsache ist auch, dass der Sport immer eine Schauseite hatte und dass er sich in der modernen Gesellschaft rasch zu einem komplexen Gebilde und einem Sinnbereich entwickelt hat, in dem sich Aktivität und passive Teilnahme ergänzen. Schon 1931 notierte Robert Musil, „dass der Geist des Sports nicht aus der Ausübung, sondern aus dem Zusehen entstanden ist". Man ist zunächst versucht, in das Zitat zur Korrektur zwei Wörter hinein zu schmuggeln: nicht *nur* aus der Ausübung, sondern *auch* aus dem Zusehen – aber es stimmt schon: Stellt man sich die sportlichen Aktivitäten ganz ohne Zuschauer und passive Interessenten vor, so landet man bei einer Vorstellung, die vom tatsächlichen lebendigen Sportbetrieb weit entfernt ist – man isoliert so die Sporttreibenden in ihrer Sonderrolle und rückt sie in gewisser Weise auf eine Ebene mit den Briefmarkensammlern. Von ihnen unterscheiden sie sich allerdings auch schon in der Zahl. Für das Gewicht der Sportkultur ist es wichtig, dass nicht nur die Menge der mehr oder weniger sportbegeisterten Zuschauerinnen und Zuschauer unüberschaubar ist, sondern dass auch der Anteil aktiv Sporttreibender an der Bevölkerung sehr groß ist. Der fette Biertrinker, der aus seiner Sofakuhle die Aktiven auf dem Bildschirm beschimpft, weil sie sich nicht schnell genug bewegen, wird zwar nicht aussterben und weiterhin den Karikaturisten eine beliebte Vorlage bieten – aber ganz überwiegend sind die Interessenten der Sportschau und die Leser des Sportteils selbst in irgendeiner Disziplin aktiv oder aktiv gewesen, zu großen Teilen im Vereinssport, zum Teil aber auch im nicht oder schwach organisierten Freizeitsport, der sich in jüngster Zeit sehr stark ausgebreitet hat.

Für die anhaltende Konjunktur dieser Freizeitbeschäftigung gibt es mancherlei Gründe. Intensive körperliche Betätigung wird in vielen Arbeitsfeldern nicht mehr verlangt. Die Mechanisierung und Automatisierung sind weit fortgeschritten; und die Bedienung von Maschinen, die in den Anfängen oft erhebliche körperliche Anstrengungen forderte, verlangt heute vor allem Konzentration. Und auch außerhalb der Arbeit haben sich die physischen Anforderungen reduziert – man muss sich dazu nur vergegenwärtigen, dass in den Anfangszeiten der Industrialisierung die Fabrikarbeiter oft stundenlange Wege zu Fuß in Kauf nehmen mussten, während heute die Anfahrten zwar beschwerlich sein können, dabei aber die Nerven stärker beanspruchen als die Muskeln. Es ist nicht verwunderlich, dass für dieses Missverhältnis ein Ausgleich gesucht wird; und dieser Ausgleich wird auch ausdrücklich propagiert im Blick auf die Gesundheit. Dass eine ganze Reihe von Sportarten auch gesundheitliche Gefahren mit sich bringt, bleibt dabei ausgeblendet. Auch die soziale Komponente des Sports ist ein Motiv für die Beteiligung; im Verein oder in einer Freizeitgruppe trifft man auf Leute mit dem gleichen Interesse, und die Verbindung beschränkt sich in vielen Fällen bald nicht nur auf das spezifische Interessengebiet eines bestimmten Sports, sondern greift auf andere Lebensbereiche aus. Der Sport wird deshalb mit Recht als ein Feld angesehen, in dem für in- und ausländische Zugewanderte Integrationsschritte besonders gut möglich sind – was nicht ausschließt, dass diese Möglichkeit nicht immer genutzt wird, dass sich vielmehr auch die Isolationstendenzen über eigene ‚nationale' Vereine verstärken können. Schließlich ist auch das Leistungsstreben anzuführen; wer aktiv Sport betreibt, erfährt dabei kontinuierlich, dass er etwas leisten kann.

Spätestens hier aber kommt die Orientierung an Ergebnissen wieder ins Blickfeld. Wer eine weitgehend mechanische Arbeit in einem Büro oder an einer Maschine acht Stunden durchhält, wer einen größeren Haushalt umtreibt und für eine mehrköpfige Familie die Arbeitslast übernimmt, wer den ganzen Tag über Kinder betreut oder alten Menschen hilft, erbringt ja doch auch beachtliche Leistungen. Sie werden aber nicht nur von den durch solche Leistung Begünstigten wenig gewürdigt, sondern auch von den Ausübenden nicht immer primär als Leistung registriert, sondern vor allem als Belastung empfunden. In die sportliche Anstrengung dagegen ist die Bestätigung der Leistung meistens eingebaut; anders gesagt: sie ist objektiviert. Als Leistung wird im Sport nicht nur die aktive Anstrengung bezeichnet, sondern auch das objektiv Erreichte – das Ergebnis.

Die Orientierung an Ergebnissen ist zweifellos zu einem guten Teil der positiven Erfahrung eigener Leistungsfähigkeit zuzurechnen; auch wird durch die Messbarkeit der Leistung der Eindruck objektiver Bewertung hergestellt. Aber es ist auffallend, wie konsequent und manchmal übertrieben die Bestätigung durch Ergebnisse gesucht wird; manchmal wird die Registrierung von Leistungsdaten geradezu zum Selbstläufer. Eine besondere Faszination geht von Sportarten aus, in denen die Rückkoppelung durch erzielte Ergebnisse dicht aufeinander folgt. Das gilt sowohl für Wettkämpfe wie für isoliertes Leistungsstreben Einzelner. Für dieses kann als Beispiel das Sportklettern angeführt werden; die immer noch wachsende Beliebtheit von Kletterwänden ist nicht nur damit zu erklären, dass hier eine jederzeit verfügbare künstliche Szenerie für eine natürliche körperliche Anstrengung und Geschicklichkeit bereitgestellt ist, sondern auch damit, dass sich die Leistung aus eindeutig messbaren Schritten zusammensetzt, also aus einer Folge von Ergebnissen. Als Beispiel für eine gewisse Ergebnisseligkeit bei Spielen mag Tennis gelten: Jeder Ballwechsel endet mit einem Teilergebnis, das sich aber erst mit den nächsten Ballwechseln zu einem neuen Ergebnis summiert, das Bestand hat, aber wiederum nur Teilergebnis eines Satzes ist – und dieser ist wiederum ein revidierbares Teilergebnis des ganzen Matchs. Ähnlich verhält es sich mit Golf, das darüber hinaus nicht nur im Wettkampf, sondern auch beim isolierten Training die Registrierung von Teilergebnissen erlaubt.

Bis zu einem gewissen Grad scheint die kontinuierliche Zählbarkeit die Beliebtheit von Spielen – bei Spielern und Zuschauern – mit zu bestimmen. Die wachsende Attraktivität von Spielen wie Basketball, Hallenhandball, Volleyball hängt sicher auch damit zusammen, dass sich hier der Spielstand ständig ändert, dass also dauernd neue Teilergebnisse produziert werden. Fußball verdankt seine Popularität zu einem nicht geringen Teil der Tradition, die auch mit der früher sehr einfachen Realisierung des Kickens auf Straßen und in Hinterhöfen zusammenhing; außerdem bezieht er seine Attraktion aus der Atmosphäre von Großereignissen (die Fußballspiele von Dorfvereinen sind im Gegensatz zu früher meistens nur schwach besucht). Die Zahl erzielter Tore ist hier sehr viel kleiner; aber Hoffnungen und Befürchtungen sind auch hier auf die zählbaren Ergebnisse ausgerichtet, mit denen man ein Spiel abhaken kann.

Mit gewissen Einschränkungen lässt sich auch die These vertreten, dass das in den letzten Jahrzehnten unverhältnismäßig gewachsene Angebot von neu entwickelten Sportgeräten und Sportarten mit der Ergebnisorientierung zusammenhängt. Während der Umgang mit den bereits traditionellen Formen und Hilfsmitteln des Sports die jeweiligen Ergebnisse nicht immer prominent und bewusst macht, ist bei neuen Formen das Gelingen (und natürlich auch das Misslingen) sehr präsent – es handelt sich hier um die Erfahrung einer Leistung, die ganz stark im jeweiligen Ergebnis zusammenschießt.

Die enge Verbindung von Leistung und Ergebnis gilt allgemein. Das intensive Achten aufs Ergebnis kommt zustande, wo Leistung bewertet und wo sie mehr oder weniger genau gemessen werden kann. Natürlich bedeutete auch im körperlichen Wettstreit der vormodernen Zeit Sieg oder Niederlage viel; es konnte dabei buchstäblich um Leben und Tod gehen. Aber es gab weder den objektiven Maßstab noch die dichte Folge von Ergebnissen und deren allgemeine Zugänglichkeit in den Medien. Heute werden die weitaus meisten sportlichen Aktivitäten in Ergebnissen gemessen – aber auch *an* Ergebnissen: Die verfügbaren Ergebnisse – seien es nun die der Konkurrenz oder die eigenen, die man gespeichert hat – provozieren weitere Leistung und damit weitere Ergebnisse.

Allerdings gibt es auch Tendenzen, Leistung aus dem Sport zu verbannen oder jedenfalls den Aspekt der Leistung tiefer zu hängen. Diese Tendenzen stoßen aber auf erhebliche Schwierigkeiten. In den Arbeitersportvereinen, die bis zur Zeit des Nationalsozialismus in Deutschland eine eigene Organisation bildeten, gab es verschiedentlich Versuche, dem Leistungsprinzip zu entkommen. In den vor einem Jahrhundert sehr verbreiteten Radfahrvereinen kam man deshalb zum Teil von den üblichen Rennen ab; statt diesen wurde ein Wettkampf im Langsamfahren eingeführt. Offenbar war den Erfindern nicht bewusst, dass dabei Leistung durch die Hintertür wieder eingeführt wurde: Jeder Radfahrer weiß, wie schwierig es ist, ganz langsam zu fahren, ohne abzusteigen. Und jedenfalls war es ein Wettbewerb, bei dem es Sieger und damit ein Ergebnis gab.

Das hier sichtbare Dilemma gilt auch für die Spielbewegung, die zuerst in den 1970er Jahren in den Vordergrund trat. Sie war teilweise in einer überspitzten Ideologiekritik begründet: Der Sport mit seiner deutlichen Leistungsorientierung wurde als direkte Parallele zur Arbeit gesehen; Leistungssport galt bei den Kritikern als Übertragung aus der Arbeitswelt und als fragwürdige Vorbereitung auf die Arbeitswelt. Zweifellos haben neu erfundene *No-winner-Games* dazu beigetragen, dass das im Sport oft implizierte Mobbing der Schwächeren etwas zurückgetreten ist, und ganz allgemein hat sicher die Freude an der Bewegung und am Spielerischen zugenommen; aber Leistung wurde keineswegs völlig verbannt, und Ergebnisse spielen auch im Freizeitsport eine große Rolle.

Auch jenseits der ideologiekritischen Argumente wurde und wird der nicht primär leistungsbezogene Freizeitsport gefördert. Massenphänomenen wie dem Joggen gingen Propagandafeldzüge von Sportverbänden und Gesundheitsagenturen voraus, in denen ebenfalls die Bewegungsfreude in den Mittelpunkt gerückt wurde. Aber Leistung ist damit nicht verabschiedet, und Ergebnisse werden registriert und dienen als Motivation für erhöhte Leistungen. Dies gilt insgesamt für den Hobbysport – zur Kenntlichkeit entstellt wird dieser Befund durch die Tatsache, dass Doping auch im Bereich des Freizeitsports verbreitet ist. Nachgewiesen wurde das beispielsweise beim Bodybuilding, aber auch bei engagierten Besuchern (und Besucherinnen) von Fitness-Studios. Angestrebt wird damit eine Steigerung des bewältigten Schwierigkeitsgrads – es geht also um bessere Ergebnisse, und die visieren ja auch diejenigen an (und natürlich ist das die Mehrheit), die auf keinen Fall dopen. Die Studios haben sich auf dieses Ziel eingestellt, indem sie vor allem den Anfängern Übungen nahelegen, die schon nach kurzer Zeit und kontinuierlich zu kleinen Fortschritten führen. Diese Fortschritte stehen für die Nutzer selbstredend im Zeichen des generellen Ziels der körperlichen Stärkung und Stabilisierung, aber es sind wichtige Zwischenbefunde – Daten und Informationen, die auch in sich als Ergebnis registriert werden und Befriedigung auslösen. Was als Erfolg im Sport – auch im Freizeitsport – registriert wird, ist nicht so sehr der gesunde Körper; der Erfolg sieht in vielen Fällen so aus: 3:0, 6:2, 48,9 oder 6,72.

# Erfolgskontrolle

Dass Sport die schönste Nebensache der Welt ist, überzeugt nicht Alle – und bei vielen von denen, die daran glauben, liegt der Ton auf Nebensache. Darüber lässt sich streiten. Peter Sloterdijk, lange Zeit ein Kritiker des „darwinistischen" Sports, hat sich möglicherweise auf seinen sportlichen Radtouren neu besonnen und ist zumindest theoretisch zum Anhänger geworden: Die „Anthropotechnik" des Sports sieht er als Ausdruck des „Somatismus". In diesem erkennt er diejenige der „beiden großen Ideen des 19. Jahrhunderts", die sich im Gegensatz zum Sozialismus bis heute behauptet hat. Die Hochschätzung des Körpers und körperlicher Leistung gehört für ihn in die Mitte unserer Gesellschaft – und unter diesem Gesichtspunkt ist dann auch die in diesem Bereich überbordende Ergebnisorientierung nicht bedeutungslos. Die körperliche Anstrengung wird aufgehoben im Ergebnis, und man kann durchaus fragen, ob dies nicht das Gewicht des Somatismus erheblich reduziert. Jedenfalls bleibt vom sportlichen Erlebnis vielfach nur das Ergebnis, und es ‚bleibt' nur scheinbar, macht vielmehr meistens sehr schnell neuen Ergebnissen Platz.

Dieser Mechanismus lässt sich aber auch in anderen, zweifellos noch zentraleren und existenzielleren Bereichen beobachten. Auf dem Gebiet des Sports zeichnet sich Vieles ab, das auch sonst unsere Gesellschaft charakterisiert. So wird etwa der Begriff *Leistungsgesellschaft* gelegentlich (und mit guten Gründen) auf den Sport bezogen, hat aber eine sehr viel größere Reichweite. Er zielt vor allem auf die Ausbildungs- und Arbeitsverhältnisse, wobei unterstellt wird, dass die persönliche Leistung ausschlaggebend ist für Aufstieg und Wohlstand. In der Leistungsgesellschaft sah man die Überwindung der Herkunftsgesellschaft, in der die Zugehörigkeit zu einer gesellschaftlichen Schicht, praktisch also meist das Elternhaus, die Karrieren bestimmte. Dass der Begriff ein Ideal suggeriert, von dem die Wirklichkeit mit den unverkennbaren Gegebenheiten der Vorauswahl und der Auswahlprozesse deutlich abweicht, ist längst kein Geheimnis mehr. Der Begriff Leistungsgesellschaft ist deshalb auch entschieden relativiert worden, er verweist meist nur ganz generell auf die Möglichkeit kleiner Verbesserungs- und Aufstiegsschritte und überlässt die Story *Vom Tellerwäscher zum Millionär* Hollywood. Häufiger noch wird die Berufung auf die Leistungsgesellschaft zur Ausgrenzung derjenigen verwendet, denen die elementare Möglichkeit zur Leistung, nämlich die Arbeit, verwehrt bleibt.

Aber auch wenn man sich auf die inneren Bezirke der Leistungsgesellschaft einlässt, bleibt der Begriff fragwürdig. Für berufliche Leistungen gibt es keinen einheitlichen Maßstab, und die verschiedenen Berufsfelder sind nur schwer zueinander in Beziehung zu setzen und zu vergleichen. Prinzipiell ist wohl davon auszugehen, dass jede berufliche Tätigkeit – einschließlich der Familienbetreuung, die meist nicht als eigentlicher Beruf fungiert – einen erheblichen Leistungsaufwand verlangt und dass definierbare Leistungsunterschiede eher innerhalb eines Berufs als zwischen den Berufen vorhanden sind. Es gibt zwar eine stillschweigende Übereinkunft über die Rangfolge von Leistungen; wer kreative Tätigkeiten über stumpfsinnige Arbeiten stellt, wird kaum Widerspruch erfahren. Doch die Frage bleibt, ob man dabei von einem objektivierten, gewissermaßen neutralen und messbaren Leistungsbegriff ausgeht. Arbeitspsychologische Initiativen waren in den letzten Jahrzehnten bemüht, eintönige Arbeiten abzuschaffen oder zu automatisieren; aber es gibt nach wie vor berufliche Tätigkeiten, die aufgrund ständiger Wiederholungen vor allem Durchhaltevermögen fordern. Dies gilt nicht nur für Tätigkeiten, die in erster Linie körperliche Anstrengung erfordern, sondern beispielsweise auch für manche monotonen Büroarbeiten. Das Durchhaltevermögen, selbst wenn es sich auf durchzuhaltende Langeweile bezieht, ist eine Leistung.

Der Begriff der Leistungsgesellschaft täuscht einen nicht nur verbindlichen, sondern auch gerechten Maßstab vor. Er wird deshalb auch immer wieder in Frage gestellt, und schon länger wird konstatiert, dass wir nicht in einer Leistungsgesellschaft, sondern in einer *Erfolgsgesellschaft* leben. Dieser Begriff trägt der Tatsache Rechnung, dass gesellschaftliche Rangplätze nicht – oder jedenfalls nicht nur – nach Leistung vergeben werden, sondern nach der Wirksamkeit der Leistung. In diese Messgröße, soweit es überhaupt eine ist, gehen aber auch gesellschaftliche Urteile und Vorurteile ein, die unabhängig von der aktuellen Leistung sind. Es fragt sich unter dieser Voraussetzung, ob *Erfolg* das richtige Stichwort ist. Im allgemeinen Verständnis werden Leistung und Erfolg meistens kurzgeschlossen. Wenn jemand im Lotto gewonnen hat, wird das in der Regel mit der Feststellung quittiert, dass er oder sie Glück gehabt hat – von Erfolg ist höchstens dann die Rede, wenn der Gewinn über ein gezielt eingesetztes System erreicht wurde. Aber auch im beruflichen und geschäftlichen Leben ist Vieles Glücksache; anders gesagt: Erfolge und Misserfolge kommen auch durch vorgegebene Bedingungen und durch Zufälle zustande.

Keine Leistungsgesellschaft und keine Erfolgsgesellschaft – die Boni werden nach dem *Ergebnis* verteilt, und die in langfristigen Wellen wiederkehrenden kapitalistischen Krisen machen ernüchternd deutlich, dass hinter dem Ergebnis keineswegs eine besondere Leistung stehen muss. Mit Boni sind hier nicht nur die Extrazahlungen gemeint, die aufgrund dubioser Vereinbarungen oft sogar nach negativen Entwicklungen an Vorstände und Manager eines Unternehmens ausgezahlt werden, sondern auch die Zugewinne an gesellschaftlicher Reputation und Prestige. Fast immer sind es konkrete, meist in Zahlen fassbare Ergebnisse, welche die gesellschaftliche Position eines Menschen festigen oder verbessern. Dabei kann es sich um die Bilanzzahlen eines Betriebs handeln, aber auch um Bestsellerauflagen und goldene Schallplatten, um Einschaltquoten der Medien, um sportliche Höchstleistungen, um zurückgelegte Urlaubskilometer, um Umsatzwerte von Ladengeschäften und Kaufhäusern. Das am häufigsten wirksame

Ergebnis dürfte das Einkommen sein, auch wenn es – im Gegensatz zu den USA und anderen Ländern – bei uns nur selten öffentlich gemacht wird. Es wird in der Regel indirekt vermittelt über den Konsum und die Kommunikationskreise.

Im Allgemeinen wird unterstellt, dass der Erfolg den Rang bestimmt; aber bei näherem Zusehen ergibt sich, dass oft der bereits vorhandene Rang bestimmte Ergebnisse und damit den Erfolg garantiert. Rangplatzierungen werden ja leicht vom aktuellen Ausmaß des Erfolgs abgekoppelt. Ranglisten überdauern meist die Leistungen oder Vorgaben, die für das Ranking maßgebend waren; sie bilden Ergebnisse, die weiterwirken. Registriert wird dies im Allgemeinen nur bei der Besetzung exponierter Stellen – man spricht vom Kanzlerbonus oder, im lokalen Rahmen, vom Amtsbonus des Bürgermeisters. Aber wo immer Rangplätze gegenwärtig sind oder Ranglisten präsentiert werden – Bestsellerlisten, Rekordtabellen, Konsumquoten –, beeinflussen sie als scheinbar verbindliche Ergebnisse die Interessenten.

Besonders deutlich wird die Orientierung an Ergebnissen in den Phasen der Ausbildung. In vielen Feldern ist jeglichem Fortschritt oder Aufstieg eine Prüfung vorgeschaltet, in der über zählbare Ergebnisse der Eindruck der Objektivität erzielt wird. Das beginnt schon in der Schule, neuerdings sogar manchmal in verschulten Kindertagesstätten. Man weiß, dass das nicht unproblematisch ist; deshalb werden in der ersten Klasse oder den ersten Klassen der Grundschule oft keine Zeugnisnoten ausgegeben; fast immer verfügen aber die Lehrerinnen und Lehrer über eine Aufstellung der Einzelergebnisse eines Schülers, die dann in der Sprechstunde den besorgten Eltern vorgeführt werden. Auch die Empirische Bildungsforschung orientiert sich oft vor allem an den durch Prüfungen gewonnenen Zahlenergebnissen, weil sie in statistischen Operationen ausgewertet werden können. Vor einigen Jahren bedienten die Pädagogen beispielsweise die Bildzeitung und verwandte Medien mit einer Steilvorlage, als sie die Abiturergebnisse der Hamburger Gymnasien in Mathematik mit denen von Baden-Württemberg verglichen; dass Hamburg dabei schlechter abschnitt, wurde teilweise in hämischen Überschriften verkündet und boshaft kommentiert. Solche Ergebnisse werden auch in den Schulverwaltungen und den zuständigen Ministerien aufgeregt zur Kenntnis genommen – in diesem Fall gepaart mit leichten Triumphgefühlen im Süden und mit Enttäuschung im Norden. Dieser Rückzug auf Ergebniszahlen aus den einzelnen Fachdisziplinen steht im Widerspruch zu der Erkenntnis, dass es vor allem auch auf die Entwicklung von Schlüsselqualifikationen ankommt.

Es handelt sich dabei um ein Gefüge von Eigenschaften, die erst Fortschritte im fachlichen Wissen ermöglichen, die aber auch darüber hinaus die Personen lebenstüchtig machen. Dazu gehören etwa Fleiß und Engagement, Ausdauer und Flexibilität, Anpassungsfähigkeit und Belastbarkeit – alles Qualitäten, die sich nur schwer isolieren lassen und die jedenfalls kaum in eine Notenskala einzuordnen sind; dazu gehört aber auch, was man als Sozialkompetenz zusammenfasst, also Fähigkeiten zur Kooperation und Kommunikation, das Vermögen, mit Konflikten umzugehen und anderen Menschen mit Empathie zu begegnen – wiederum Kompetenzen, für die sich Zeugnisstufen nicht ohne weiteres anbieten. In den Schulen wird zwar teilweise noch mit den sogenannten Kopfnoten versucht, zu erfassen, was die Fachkenntnisse übersteigt; aber der Notengebung liegen dabei meist nur die Kategorien Fleiß und Mitarbeit zugrunde, für die es früher generell eigene Zeugnisnoten gab.

Es geht jedoch keineswegs nur um die schulische Ausbildung. Was hier angelegt ist, setzt sich fort auf den weiteren Stufen der Ausbildungs- und Bildungswege. Natürlich ist es vernünftig, Qualifikationen zu überprüfen, ehe man jemand eine verantwortliche Aufgabe überträgt (das gilt relativ unabhängig vom Tätigkeitsbereich); und es kann sinnvoll sein, dabei auf normierte und damit kontrollierbare Verfahren zurückzugreifen. Aber die Dichte solcher Prüfungsanforderungen wird immer größer, und mit der Vermehrung werden die Prüfungsabläufe fast immer schematischer. Charakteristisch ist, was sich seit einigen Jahren an den Hochschulen abspielt. Die Freiheiten des Studiums stoßen an enge Grenzen; Studiengänge werden mehr und mehr als Abfolge von Prüfungen konzipiert – der Studienerfolg besteht in einer Sequenz positiver Prüfungsergebnisse. Da ist es fast unvermeidlich, dass Ergebnisse fetischisiert werden. Das gilt für beide Seiten: Die Prüfenden ziehen sich immer häufiger auf die ‚objektiven' Daten der Prüfungsergebnisse zurück; aber auch für die Prüflinge gilt, dass sie das Studium in erster Linie als Hindernisrennen verstehen, dass sie sich also vor allem auf die Prüfungen konzentrieren und die Zwischenschritte fast ausschließlich als Anlaufstrecke für das nächste Hindernis betrachten.

Problematisch ist dies auch deshalb, weil das Erfordernis vergleichbarer Ergebnisse einen bestimmten Stil der Prüfungen hervorbringt. Notwendig sind möglichst eindeutige Fragen, die eindeutige Antworten verlangen – es handelt sich um eine Art Digitalisierung des Prüfungswesens. Vielfach wird die Methode des *multiple choice* gewählt: Zu einer Frage werden verschiedene Antworten vorgegeben, von denen nur eine richtig ist – die muss der Prüfling herausfinden und ankreuzen. Dieses Verfahren ist zum Prügelknaben der Prüfungskritiker geworden – nur teilweise zu Recht. Unterstellt wird, dass differenzierte Fragen so nicht gestellt, differenzierende Antworten nicht gegeben werden können. Das stimmt in dieser pauschalen Form nicht. Es kann nicht nur positivistisches Wissen in simplen Daten abgefragt, sondern auch schwierige Denkkombinationen können zur Wahl gestellt werden; es gibt durchaus Fragestellungen, die nicht nur die Wiedergabe memorierten und andressierten Wissens verlangen und dennoch alternativ mit Zustimmung oder Ablehnung beantwortet werden können. Außerdem ist gerade bei diesem Verfahren eine Annäherung an praktische Entscheidungssituationen möglich: In der Medizin werden den Kandidaten beispielsweise auf technischem Weg verschiedene Herzfrequenzen und -töne angeboten, aus denen dann eine bestimmte pathologische Variante ausgewählt werden muss. Ganz wird damit aber die Kritik nicht beiseite geschoben: Die multiple-choice-Verfahren fördern im allgemeinen eine kurzfristige Speicherung von Wissensfragmenten, die in vielen Fällen auch wieder gelöscht werden, damit im Kopf Speicherplatz für andere frei wird – und die keineswegs immer zu einer Gesamtschau der Probleme integriert werden.

Aber es muss angemerkt werden, dass derartige Verfahren kaum zu entbehren sind, wo der Umfang der geforderten Überprüfungen individuellere Zugänge nicht erlaubt. Wiederum kann schon die Schule als Beispiel herangezogen werden. Deutschlehrer ärgern sich manchmal mit Recht, wenn sie langatmige Ergüsse über die angebotenen Aufsatzthemen nicht nur lesen, sondern auch beurteilen müssen, und sie blicken dann mit leichtem Neid auf die Lehrer der Mathematik oder der Fremdsprachen, in deren Revier in aller Regel kein Zweifel darüber besteht, was falsch und was richtig ist. Bei großen Schülerzahlen und vielen Prüfungsarbeiten ist eine gewisse Schematisierung der Ergebnisse unvermeidlich. In den Hochschulen taucht das Problem schon bei den Eingangsprüfungen auf, die oft über die berufliche Richtung entscheiden; zwar bemüht man sich um eine persönlichere Auseinandersetzung in Gesprächen, aber daneben spielen auch die standardisierten Aufgaben eine Rolle. Die Zuflucht zu robusten Ergebnissen und die Weichenstellung durch solche Ergebnisse hängen meistens damit zusammen, dass eine große Zahl von Arbeiten beurteilt werden muss; aber durch die entsprechende Praxis entwickelt sich eine eigene Dynamik, die auf die Vorstellung zuläuft, dass ohne solche Ergebnisse nichts funktionieren kann.

Das zeigt sich auch in Fällen, in denen Ergebnisse eine Qualifikation ausweisen, die praktisch – und oft vorhersehbar – ins Leere läuft. Gelegentlich erfährt man von älteren Arbeitslosen, dass sie zuerst umgeschult und in der Folge zu mehreren Weiterbildungskursen beordert wurden, die sie vielleicht sogar mit einem Zertifikat abschlossen, ohne dass sich auch nur ein Spalt zur Berufswelt öffnete. Im Allgemeinen hält man das für eine bedauerliche Ausnahme, für einen Kollateralschaden, wie er bei größeren Unternehmungen fast unvermeidlich ist – und die Arbeitsbeschaffung ist eine riesige Unternehmung. Aber der Vorgang ist keine Ausnahme; die Dauerarbeitslosen hängen ihr Scheitern nur nicht an die große Glocke, und die zuständigen Agenturen werten die Kurse als Erfolg, nämlich als vorzeigbares Ergebnis.

Wenn der Blick für solche Zusammenhänge geschärft ist, wird man von einer Beobachtungsstation zur nächsten geleitet. Das Prüfungswesen ist nur ein Sektor unter vielen, in denen ständig komplexe Wirklichkeiten in reduktive Ergebnisse, oft in der Form präzise anmutender Zahlenwerte übersetzt werden. Das aktuelle Wetter empfindet man in seinen vielfältigen Nuancen; die Wettervorhersage gerinnt manchmal zur Temperaturangabe. Die tatsächliche Sicherheit oder Bedrohung im Alltag lässt sich kaum genau bestimmen; aber Angaben zur Kriminalitätsrate vermitteln scheinbar realistische Daten dazu. Verantwortliches Verhalten im Straßenverkehr lässt sich nur schwer prognostizieren; aber die Strafpunkte in der Flensburger Kartei lassen sich exakt angeben. Erkrankungen sind dank der individuellen Konstellation mit Dutzenden von Variablen kaum vorherzusagen und oft auch nur unvollkommen zu bestimmen; gerade deshalb spielen einzelne Ergebnisse wie die Körpertemperatur oder der Blutdruck eine wichtige Rolle – als Aufreger oder als Beruhigungsinstanz. Man könnte weitere Beispiele anführen; sie bestätigen den angeführten Mechanismus nicht alle in gleicher Weise, zeigen aber doch die Wichtigkeit von Ergebnissen – als Mittel einer Reduktion von Komplexität, bei der zwangsläufig Einiges (und nicht nur Unwichtiges) verloren geht.

In diesem Zusammenhang verdient auch die Statistik eine kritische Betrachtung. Die gängige Kritik zielt darauf, dass statistische Befunde für den Einzelfall nur bedingt aussagekräftig sind, jedenfalls für ihn kaum prognostischen Wert besitzen; einzelne Personen füttern mit ihren Eigenschaften und Handlungen die Statistik, gehen aber darin unter. Bekannt ist die ironische Fassung der Kritik in der Feststellung, dass sich eine angenehme Durchschnittstemperatur ergibt, wenn eine Person im Kühlraum ausharrt und eine zweite auf einer heißen Herdplatte sitzt. Tatsächlich lässt sich daraus aber kaum eine negative Bewertung von Statistik ableiten; bekömmliche Durchschnittswerte werden ja in der Regel nicht über Extreme erzeugt, und die Errechnung des Durchschnitts ist auch nicht die zentrale und jedenfalls nicht die einzige Funktion der Statistik, die ja fast immer auch differenzierte Teilbefunde vorlegen kann. Eher angebracht scheint mir die Kritik an der relativen Folgenlosigkeit vieler statistischer Bemühungen – die Statistik erzeugt Ergebnisse, die in sich und manchmal ganz ohne Frage nach ihrem Sinn, ihrem Stellenwert und ihren Konsequenzen als gut und richtig betrachtet werden. Die Faszination, die von statistischen Daten ausgeht, besteht großenteils darin, dass sie immer ein Ergebnis bieten – oder vortäuschen.

Die angeführten Beispiele dürfen nicht zu dem Schluss führen, es gehe nur um Zahlenergebnisse. Es ist richtig, dass mit Zahlen eine besondere Evidenz erzeugt werden kann; aber in den Rang von Ergebnissen, die man festhalten und an denen man sich festhalten kann, kommen nicht nur Zahlenwerte. In die meisten Arbeitsverhältnisse ist ein Übermaß an Kontrolle eingewandert. Im Bereich der Forschung kann das bedeuten, dass sich der Blick – der kontrollierten Wissenschaftler wie ihrer Kontrolleure – einseitig auf rasch erreichbare Ergebnisse richtet und dass dementsprechend kurzfristige und prekäre Arbeitsverträge vorherrschen. In manchen Bereichen der Wirtschaft bilden Ausgaben im Kontrollbereich einen gewichtigen Etatposten. Christoph Bartmann, der Verfasser des Buchs „*Leben im Büro. Die schöne neue Welt der Angestellten*" merkte an, es scheine „in der Wirtschaft nur noch Berater und Analysten" zu geben. Das Verhältnis von Vertrauen und Kontrolle sollte, entgegen der vielzitierten Totschlagparole, neu justiert werden. Und dies betrifft nicht nur die Etagen, auf denen wichtige Entscheidungen getroffen werden.

Die Ergebnisseligkeit ist ein Ausdruck und eine Voraussetzung der Bürokratie. Um in komplexen Gesellschaften ein Ordnungssystem zu schaffen und aufrecht zu erhalten, sind Regulierungen durch die Instanzen der Verwaltung unvermeidlich. Das ist Bürokratie. Aber in der Bezeichnung Bürokratie schwingt bereits die Kritik an der Eigendynamik dieser Herrschaftsform mit; sie gilt nicht in erster Linie als ordnende Instanz, sondern als einschränkendes Kontrollsystem. Dies hängt nicht nur mit der Vielzahl der Beschränkungen zusammen, denen wir angesichts komplizierter Rahmenbedingungen und divergierender Interessen zwangsläufig unterliegen, sondern auch mit vielen Konstellationen, in denen bürokratisches Handeln als willkürlicher Selbstläufer erscheint. Die jeweils Betroffenen sehen in vielen bürokratischen Vorschriften vor allem Schikanen, und sie werden darin bestärkt durch den unpersönlichen Ton, mit dem sich oft gerade subalterne Sachbearbeiter abschirmen.

Aber es geht beim bürokratischen Agieren nicht nur um das Ausleben von Autorität. Man erzählt von einer Büroangestellten, die beauftragt war, eine große Menge von Akten zu vernichten, die in einem schwierigen Abwägungsprozess zur Entsorgung freigegeben worden waren. Sie ging an die Arbeit – indem sie begann, die auszusondernden Akten zunächst zu kopieren. Vielleicht, wahrscheinlich eine erfundene Geschichte; aber sie zeigt in der Karikatur eine verbreitete Haltung und verweist jedenfalls auf die Ansammlung von Ergebnissen ohne große Rücksicht auf deren Bedeutung und Reichweite. Die Ergebnisseligkeit hängt zusammen mit den Wucherungen der Bürokratie und ist ein Element des Parkinsonschen Prinzips, nach dem sich Verwaltungsapparate zwangsläufig aufblähen. Dies ist nicht nur, wie von Parkinson formuliert, eine Folge der hierarchischen Struktur, welche die Mitarbeiter grundsätzlich nach der Vermehrung der Untergebenen streben lässt, sondern auch eine Folge davon, dass der Bedarf an Ergebnissen ständig wächst, weil sie unabhängig von ihrem Gewicht die Existenz von Abteilungen und Planstellen rechtfertigen.

# Infostückwerk

Wenn ein kritischer Blick auf die neue Medienwelt geworfen wird, ist das am häufigsten gebrauchte Schlagwort: *Reizüberflutung*. Der Ausstoß der diversen Medien wird so zu einem Tsunami vereinigt, dem die Masse der Menschen hilflos ausgesetzt ist und vor dem man sich nur in die obersten Regionen philosophischer Kulturkritik retten kann. Die Vorstellung bezieht sich auf Sinnesreize, und zur Konkretisierung wird oft auf die Unmenge der Bilder verwiesen, die auf uns eindringen – Bilder, die sich jagen und denen wir nicht entkommen, die wir aber nicht verarbeiten können. Das Bild der sich jagenden Bilder könnte allerdings zur Vorsicht gegenüber pauschalen Katastrophenszenarien mahnen. Die rasante Abfolge von Bildern ist ja doch auch das Prinzip des Films, und gerade daraus ergibt sich in den meisten Fällen eine sinnvolle und verständliche Handlung. Entscheidend ist offenbar nicht oder nicht nur die Schnelligkeit der Abläufe; was den Eindruck der Überflutung bewirkt, ist vielmehr das Durcheinander, die Überlagerung und Kreuzung verschiedener Handlungslinien und Sinnbeziehungen, woraus mehr oder weniger zwangsläufig eine fragmentarische Rezeption entsteht.

Die These von der Reizüberflutung ist eng verbunden mit den pessimistischen Analysen des amerikanischen Kommunikationswissenschaftlers und Medienkritikers Neil Postman. Sein 1985 erschienenes Buch *„Amusing Ourselves to Death"* wurde noch im gleichen Jahr auf Deutsch ediert, und es gehört seitdem zur Standardkritik an den Medien, dass wir uns zu Tode amüsieren. Überlegungen, einen fernsehfreien Tag in der Woche einzuführen, beschäftigten damals das Kanzleramt so gut wie die Kirchenleitungen. Das Fernsehen war zu dieser Zeit noch eindeutig das Leitmedium, und Neil Postman sprach auch von „overpowering influence of television". Er leistete einer überwiegend quantitativen Argumentation Vorschub; der Unterschied in den ausgestrahlten Inhalten verschwand für ihn in der Flut des Angebots. Seine Streitschrift richtete sich nicht primär gegen seichtes Amüsement, sondern gegen den technologischen Overkill, der zur Zerstörung der Kultur führe.

Später, in den durch sein Buch ausgelösten Diskussionen, rückte Postman die *Informationen* stärker ins Zentrum. Fünf Jahre nach *„Wir amüsieren uns zu Tode"* hielt er bei der Deutschen Gesellschaft für Informatik einen Vortrag mit dem Titel *„Informing Ourselves to Death"*, in dem er die unheilbare Zerstörung unseres Informations-Immunsystems und damit eine Form von „cultural AIDS" proklamierte. Seine differenzierenden Beobachtungen verschwanden hinter dieser düsteren Prognose, die – soll man sagen: paradoxerweise? – in den Medien eine große Karriere hatte. Angesichts solcher apokalyptischer Ankündigungen liegt es nahe, an die lange Tradition früherer Endzeitprophetie zu denken. Ich erinnere nur an die Aufgeregtheit, mit der man Ende des 18. Jahrhunderts und auch noch darüber hinaus die *Lesesucht* ins Visier nahm. Die Expansion des Büchermarkts, die Ausbildung des Pressewesens und die zunehmende Alphabetisierung galten vielen Beobachtern als Mittel oder doch als Vorboten für die Zerstörung guter Sitte und das Ende der Kultur. Erst im Rückblick wurde deutlich, dass es im Zeichen solcher Untergangsszenarien vor allem darum ging, Tendenzen der Demokratisierung und der Emanzipation zurückzuweisen – es waren die Angehörigen der Unterschicht, denen man entgegen den Prinzipien der Aufklärung die Lektüre (und vor allem aufsässige, politisch oder moralisch eigenwillige Lektüre) verweigerte, und es waren die Frauen, die durch gefühlvolle Romane nicht in ihrer harten Arbeit beeinträchtigt werden sollten.

Es ist nicht auszuschließen, dass verwandte Tendenzen auch in der Medienbeschimpfung von heute versteckt sind. Allerdings sollte man nicht bei diesem Vergleich mit früher stehen bleiben; er hinkt schon insofern gewaltig, als es sich damals um eine überschaubare Ausbreitung von Medien handelte, jetzt dagegen um die rasche Entwicklung eines beinahe flächendeckenden Angebots für die ganze Gesellschaft. Jedenfalls ist es angebracht, vom Start der neueren Diskussion nicht nur zurück, sondern auch nach vorn zu blicken, also die drei jüngsten Jahrzehnte mit in Betracht zu ziehen, in denen sich mit einer ganzen Reihe neuer Medien und einer Vielzahl neuer Übermittlungskanäle die Situation noch verschärft hat. Das Ausmaß, die Vielseitigkeit und die Frequenz der Medienangebote ist sehr viel größer, der Zugang leichter geworden. Es ist zwar immer noch eine leichtfertige Übertreibung, wenn gesagt wird, dass die neuen Medien allen zur Verfügung stehen – Arbeitslose zum Beispiel werden zwar mitunter zur Umschulung am PC eingeteilt, sie können jedoch keinen Rechner erwerben.

Richtig ist jedoch, dass praktisch alle Leute verhältnismäßig oft und lange mit Medien zu tun haben, wenn auch nicht immer mit den allerneuesten – aber wesentliche Fragen zu Umgang und Wirkung stellen sich für die meisten Medien in ähnlicher Weise, und auch die Argumente der Medienkritiker haben sich nicht groß geändert. Manfred Spitzer, der mit seinem Buch *„Vorsicht Bildschirm"* zur Rettung der Kinder vor dem Fernseher aufrief, beschwört in seinem neuen Werk die *„Digitale Demenz"*. Der Untertitel lautet: *„Wie wir uns und unsere Kinder um den Verstand bringen"*; auch hier geht es, entgegen den geläufigen Assoziationen zu *Demenz*, vor allem um Kinder. Dies ist insofern angemessen, als Jugendliche und auch Kinder weitgehend die Herrschaft über das neue Medienreich übernommen haben – schon deshalb findet Spitzer bei den Erwachsenen vielfach ein offenes Ohr, obwohl seine Verdammung der Netzaktivitäten ebenso einseitig ist wie seine Kritik am Fernsehen.

Während man die Entwicklung bis weit ins 20. Jahrhundert hinein als allmähliche Expansion der Informationsmittel und -wege verstehen kann, kommt es dann zu einer derartigen Steigerung der Innovationen, dass sich das Sprachbild der *Explosion* aufdrängt. Aber es ist das falsche Bild, weil es sich der Tatsache verschließt, dass sich die unübersichtlich dichte und schwer beherrschbare Informationslandschaft auflöst in eine Vielzahl einzelner Informationsakte, die weder destruktiv noch defizitär sein müssen. Schon vor vielen Jahren wurden Untersuchungen darüber angestellt, ob und wie Informationen des Fernsehens von den Nutzern aufgenommen werden. Als Ergebnis wurde dann beispielsweise festgehalten, dass zwar vier Fünftel des Publikums die Fernsehberichte als *informativ* einstufen, dass diese jedoch nur von einem Fünftel behalten und verstanden werden; und ähnliche Ergebnisse wurden immer wieder kritisch notiert. Die Zahlenwerte täuschen aber über die zwangsläufigen Ungenauigkeiten weg. Da ist zunächst die falsche Gleichsetzung oder doch Parallelisierung von *behalten* und *verstehen*. Ich kann sehr wohl etwas gut verstehen, es aber trotzdem schnell wieder vergessen. Das ist nicht einmal die Ausnahme, sondern wegen unserer begrenzten Speicherkapazität die Regel – dabei braucht das Vergessene nicht verloren zu sein; oft wird es in einer bestimmten Situation später reaktiviert. Außerdem sind *verstehen* und *verstanden haben* keine exakten Begriffe. Diejenigen, die das Angebot informativ fanden, haben die Informationen gewiss nicht nur akustisch (und mit Hilfe der Fernsehbilder optisch) verstanden, sondern wenigstens der Spur nach auch inhaltlich; was ihnen großenteils abging, war wohl die Möglichkeit der Einordnung und damit eines tiefer gehenden und stabileren Verständnisses. Dies spricht aber nicht automatisch gegen die Informationsvermittlung – und eigentlich auch nicht gegen die Rezipienten. Es ist nämlich die Art der Rezeption, mit der wir alle Informationen aufnehmen und aussieben, oft genug auch im persönlichen Gespräch, das von keinerlei bösartiger Elektronik tangiert ist.

Freilich lässt sich nicht bestreiten, dass wir durch die angebotenen Informationen mit immer mehr und immer größeren Feldern konfrontiert sind, in denen wir nicht nur nicht zuhause sind, sondern die wir nur bruchstückhaft und manchmal gar nicht begreifen. Dies ist ein Ausdruck davon, dass die Komplexität der Wirklichkeit immer größer geworden ist und dass die verschiedenen Wirklichkeitsbezirke leichter erreichbar geworden sind; es hängt nur bedingt mit der Vielzahl der Medien und damit der verfügbaren Informationen zusammen. Man kann sich das vergegenwärtigen durch einen Blick in die Geschichte der Zeitungen. Geht man ganz in die Anfänge zurück, holt man also beispielsweise Schubarts „*Teutsche Chronik*" hervor, so hat man es bei den einzelnen Ausgaben mit wenigen Blättern in einem relativ kleinen Format zu tun. Das Neue war die wichtigste Verkaufsempfehlung und auch das Prinzip der Nachrichtenauswahl – aber es waren gar nicht so viele Novitäten für die Zeitungsschreiber erreichbar. Und man muss nicht einmal mehrere Jahrhunderte überspringen: Wenn man eine Zeitung (und es darf ruhig eine überregionale Zeitung sein!) aus den ersten Jahrzehnten des 20. Jahrhunderts in die Hand nimmt, kommt man oft ins Staunen über die Dürftigkeit der Meldungen. Erst in der zweiten Hälfte des Jahrhunderts entwickelte sich eine weit ausgreifende und manchmal inflationäre Berichterstattung – im Versuch, nicht nur bisher wenig bekannte entfernte Weltregionen, sondern auch die sich immer mehr verzweigenden Sektoren der Gesellschaft und Kultur journalistisch zu erschließen.

Die Zeitungsleser begegnen dem reichhaltigen Angebot einerseits mit selektiver Nutzung; es gibt Leserinnen und Leser, die den Wirtschaftsteil sofort beiseite legen, und es gibt andere, die den Sportteil oder die Kulturseiten nur eben überfliegen. Dieses Überfliegen kann sich aber auch auf alle Teile einer Zeitung oder Zeitschrift beziehen, als generelle Strategie des Umgangs mit Informationen. Immerhin sind bei der Nutzung der Journale Prozesse der Vorauswahl und der Auswahl naheliegend, während bei den Angeboten von Funk und Fernsehen die Distanz geringer ist: Wer eine Nachrichtensendung im Rundfunk oder im Fernsehen eingeschaltet hat, muss im Prinzip alles aufnehmen, wenn auch der Aufmerksamkeitsgrad nicht immer gleich bleibt. In jedem Fall aber entwickeln die Rezipienten gegenüber den gedruckten wie den elektronischen Produkten Methoden der schnellen Nutzung: Sie reihen, in rascher Folge, Ergebnisse aneinander. Dies kann auf der einen Seite bedeuten, dass sie, geschult durch die Dichte des Angebots, zu einem raschen Verständnis kommen; es kann aber auch bedeuten, dass sie mit mehr oder weniger Befriedigung Ergebnisse registrieren, mit denen sie eigentlich nichts anfangen können. Der Grad des Verständnisses reicht von null bis zu vollständiger Durchdringung einer Problematik – ganz überwiegend aber kommt es zu einem punktuellen Verständnis, das in vielen Fällen nicht in den Bestand des Wissens integriert wird. Wenn immer wieder registriert wird, dass die Nutzer die meisten Informationen nicht behalten, ist als Begründung nicht nur an mangelhafte Gedächtnisleistung oder fehlende Intelligenz zu denken, vielmehr ist die nur kurzfristige Übernahme von Ergebnissen offenbar in sich befriedigend.

Jede Meldung, die in der Zeitung zu lesen ist oder über andere Medien vermittelt wird, ist eine Antwort; in den seltensten Fällen auf eine Frage, die man selbst gestellt hat, und sicher manchmal auch auf Fragen, die niemand gestellt hat – aber immer mit der implizierten Botschaft, dass hier ein Problem gelöst wird. Auch wenn man dieses Problem vorher nie bedacht hat oder es gar nicht erkennt – man empfindet gleichwohl eine gewisse Befriedigung darüber, dass eine Antwort gefunden ist. Diese ‚Antwort' kann die bloße Schilderung eines Ereignisses sein, aber auch die Stellungnahme einer Politikerin, die Aussage eines Feuerwehrmanns, das Bild eines Autounfalls oder eines berühmten Dirigenten. Die Bildmotive werden meist so gewählt, die Berichte so formuliert, dass der Akzent auf einem fassbaren Ergebnis liegt. Dabei spielen wiederum Zahlen eine große Rolle. Ob bei einem chinesischen Grubenunglück 87 oder 78 Bergleute ums Leben gekommen sind, ist für den Zeitungsleser oder Rundfunkhörer eigentlich nicht relevant, nicht nur unter dem oft salbungsvoll herausgestellten Aspekt, dass jeder einzelne Tote zu viel und beklagenswert ist, sondern auch, weil sich aus dem Unterschied keinerlei Handlungsmöglichkeiten oder veränderte

Perspektiven ergeben – trotzdem werden solche Zahlen aufmerksam verfolgt und meist auch einige Zeit im Gedächtnis bewahrt.

Für andere Zahlenangaben gilt das nicht in gleichem Ausmaß; aber doch glauben die meisten Rezipienten durch die Prognosewerte eines Wahlforschungsinstituts („Wenn am Sonntag Bundestagswahl wäre…") besser informiert zu sein als durch den klug abwägenden Kommentar eines Politologen, den ja auch sehr viel weniger Menschen zur Kenntnis nehmen: weil sie erpicht sind auf Ergebnisse, wie unsicher diese in Wirklichkeit auch sein mögen. Auch der Ausgang von Wahlen wird vielfach auf die von den einzelnen Parteien gewonnenen Prozentwerte eingedampft. Diese klaren und präzisen Ergebnisse werden auch von politisch Desinteressierten registriert, in der Regel ohne dass sie sich dadurch politisch aktivieren lassen; und die politisch Interessierten können so durchaus in gewisser Weise inaktiviert werden: Das Eindeutigkeitsmaterial der Zahlenergebnisse kann sie daran hindern, sich mit der Vieldeutigkeit der Parteikämpfe auseinanderzusetzen.

Nicht nur Zahlen, auch bestimmte Sprachwendungen und Wörter begünstigen den Eindruck, man habe es mit eindeutigen Ergebnissen zu tun. Die Feststellung, ein bestimmtes Buch stehe schon seit Monaten auf den Bestsellerlisten, überzeugt zwar nicht alle von der Qualität des Buchs, aber sie schneidet Diskussionen um die guten und die schwächeren Seiten des Buchs doch eher ab. Die Verlautbarung, dass es sich beim Tod von Zivilisten in einer militärischen Auseinandersetzung um einen Kollateralschaden handle, bringt die Frage nach den Verantwortlichkeiten zwar nicht unbedingt zum Verstummen, aber sie hat doch in gewisser Hinsicht abschließenden Charakter: Ein Ergebnis liegt vor, an das man sich halten kann. Und wenn über einen Staatsbesuch berichtet wird, bietet dieses Wort zusammen mit dem jeweiligen geographischen Treffpunkt quasi ein Informationsergebnis, das vielfach als ausreichend betrachtet wird; nach dem spezifischen Zweck der politischen Begegnung wird nicht mehr gefragt. Dass auch die involvierten Politiker diese Frage manchmal vergessen, steht nicht auf einem gänzlich anderen Blatt: Sie brauchen Ergebnisse, und die können sie auch in der reduzierten Form vorweisen.

Bei den Rundfunk- und Fernsehsendern lassen sich verstärkte Bemühungen erkennen, die Hörer und Zuschauer zu beteiligen und zu aktivieren. Die interaktiven Angebote sind ein Versuch, die Rezipienten zu einer intensiveren Identifikation und konzentrierter Aufmerksamkeit zu bringen. Besonders erfolgreich sind diese Anstrengungen bisher nicht. Abstimmungen per Knopfdruck im Studio oder durch Anrufe von außen funktionieren gut, auch die Rückkopplung an Zuhörer in Ratgebersendungen, sehr viel weniger dagegen Arrangements, bei denen Sendungen für engagierte inhaltliche Mitwirkung geöffnet werden. Das Publikum ist eben überwiegend auf den prinzipiell folgenlosen Konsum von Informationsstücken eingestellt.

Die Ergebnisorientierung der Rezipienten führt zu einer fragmentarischen Aufnahme von Informationen. Die Nutzer der Medien erwarten eine Abfolge von fassbaren Resultaten, und sie gewöhnen sich an diese Abfolge oft so weitgehend, dass ihnen die Fähigkeit der Hierarchisierung von Nachrichten abhanden kommt. Die Leser, Hörer, Zuschauer sind in der Lage, die angebotenen Ergebnisse rasch hintereinander aufzunehmen; aber sie tun das in einiger Beliebigkeit. Das hängt nicht nur damit zusammen, dass in vielen Fällen bei der Auswahl der Medien und der Informationen, mit denen die einzelne Person konfrontiert wird, der Zufall mitspielt. Bei den Konsumenten selbst herrscht eine Tendenz, über die Aufnahme vieler Ergebnisse Befriedigung zu erlangen, ohne dass das jeweilige Gewicht der Ergebnisse von Belang ist. Die relative Gleichgültigkeit der Nutzer gegenüber der ganz unterschiedlichen Reichweite und Bedeutung der Informationsergebnisse neutralisiert diese Ergebnisse bis zu einem gewissen Grad und macht sie im Prinzip *gleich gültig*.

Dies sind einigermaßen unbehagliche Behauptungen, gegen die vermutlich die aufgeklärten, reflektierenden Rezipienten und ihre bewusste, selektive Mediennutzung und -auswertung ins Feld geführt werden. Diese Rezipienten gibt es, und es handelt sich dabei weder um extrem seltene Lebewesen noch um eine aussterbende Art (um Missverständnisse auszuschließen, sei hinzugefügt, dass dies auch für die Rezipient*innen* gilt). Man sollte allerdings das Durchhaltevermögen dieser Leute auch nicht überschätzen. Es gibt eine ziemlich kleine Gruppe von Menschen, die von Anfang an oder nach einer kurzen Erprobungsphase auf das Fernsehgerät verzichtet haben, die also gar nicht in Versuchung kommen, mechanische Sehgewohnheiten zu entwickeln; aber wo ein Fernseher steht, verführt er fast immer zu einer recht gemischten Nutzung. Leute, die um ihr elitäres Profil besorgt sind, zum Beispiel manche Professoren, flechten zwar ins Gespräch ein, dass sie das Quiz am Vorabend oder den Krimi am Abend nur ganz zufällig gesehen hätten (etwa weil eins der Kinder in den betreffenden Kanal geschaltet hatte); aber solche Zufälle kommen verdächtig oft vor. Empirische Untersuchungen über die Nutzung von Fernsehsendungen haben jedenfalls ergeben, dass die Unterschiede zwischen den Angehörigen verschiedener Milieus und Klassen relativ klein sind; auch Gebildete schalten die „Lindenstraße" ein – sei es auch nur, um sich vergnüglich darüber zu ärgern; und sie landen gelegentlich auch bei Sendungen, für die Manche die Vokabel *Unterschichtfernsehen* in petto haben.

Zu den angeblichen Zufällen, die in die dubioseren Fernsehkanäle führen, gehört auch das *Zappen*, zu dem sich viele Nutzer bekennen und das von den Entwicklern elektronischer Empfangsgeräte grundsätzlich vorgesehen wird. In verschiedener Form, neuerdings beispielsweise als schnelle Steuerung von Medien über das Smartphone durch Schütteln, Tippen oder Berühren. Der Effekt ist der gleiche wie bei der alten Fernbedienung. Das Zappen ist eine ziemlich reine Form der raschen Orientierung an Ergebnissen; man kann so sicherstellen, dass man nichts Wichtiges versäumt. Aber ehrliche Zapper werden eingestehen, dass sie bei dem Vorgang nicht nur nach dem richtigen und wichtigen Ergebnis suchen, sondern dass es dabei sehr oft darauf ankommt, viele Ergebnisse in kurzer Zeit aufzunehmen. Manche Erwachsene schaffen sich so multiple Sandmännchen: Vor dem Programmschluss (ihrem eigenen, nicht dem der Sender) lassen sie die Angebote Revue passieren, was freilich nur noch schwer durchzuhalten ist, wenn die Zahl der Kanäle in die Hunderte geht. Dies ist eine Rundtour, bei der im Allgemeinen nicht ein einzelnes wichtiges Ergebnis gesucht wird (das würde die Tour ja ausbremsen), sondern bei der viele kleine Ergebnisse abgehakt werden. Und dies ist nicht nur ein Modus, in dem man sich *zwischen* verschiedenen Programmen bewegt; auch einzelne Programme werden so aufgenommen. Der Journalist Friedrich Küppersbusch, der lange eine beliebte Magazinsendung des WDR – mit dem schnellen Namen ZAK – moderierte, kündigte diese einmal an mit den Worten: „Bei uns brauchen Sie nicht zu zappen, unser Produkt ist bereits gezappt." Damit zielte er auf die bunte und abwechslungsreiche Dramaturgie der Sendung mit Einblendungen, kleinen Satiren und Tricks und vor allem rasanten Abläufen.

Die Produzenten rechnen mit der Zapp-Mentalität und stellen sich darauf ein. Dies kann, wie im Fall ZAK, dadurch geschehen, dass Sendungen so gestaltet werden, dass die Zuschauer sie vor allem als Abwechslung erleben; der auf Postman zurückgehende Begriff *Infotainment* besagt, dass Informationen und vor allem Bildungsinhalte unterhaltend, als *entertainment*, vermittelt werden. Dabei ist ein Zirkel entstanden: Weil die Rezipienten die entsprechende Mentalität aufweisen, kommt man ihnen entgegen – zum Bedauern vieler Rundfunkjournalisten gilt für ihre Spots oft die Anweisung *Nicht über drei* (und manchmal auch nur anderthalb) *Minuten*. Und weil dies die Regel ist, haben die Rezipienten zum Teil verlernt, ihre Aufmerksamkeit auch dann über eine längere Strecke aufrecht zu erhalten, wenn Unterhaltungsmätzchen ausbleiben.

Die Programmmacher erproben aber auch die Gegensteuerung, indem sie den einzelnen Darstellungen so viel Gewicht zu verleihen suchen, dass eine intensive und länger anhaltende Konzentration des Publikums zu erwarten ist. Die Erwartung wird allerdings oft enttäuscht. Als in der Ära Kohl die traditionelle Neujahrsansprache des Bundeskanzlers ein Jahr später versehentlich wiederholt wurde, blieb dies nicht nur den verantwortlichen Redakteuren verborgen, sondern wurde auch von einem Großteil des Publikums nicht bemerkt. Claus Leggewie sprach schon vor Jahren vom „Fetisch Aktualität": Die volle Gegenwärtigkeit des Gezeigten wird betont, obwohl doch immer distanzierende Verarbeitungsvorgänge vorausgehen und obwohl Wiederholungen oft unvermeidlich sind – man denke nur an Bilder der Kriegsberichterstattung, die sich vielfach nur wenig voneinander unterscheiden und deren Monotonie Gleichgültigkeit zu erzeugen droht. Ganz allgemein gilt, dass sich das Publikum in die Gegenwärtigkeit hineinziehen lässt, aber jeweils nur für kurze Zeit. Die Paukenschläge, mit denen bestimmte Sendungen angekündigt und untermalt werden, verbrauchen sich rasch. Selbst Katastrophenberichte verglimmen nach einem kurzen Aufflackern meist und werden zu Stationen des alltäglichen Ergebnisablaufs.

Ein belgisches Filmteam brachte vor zwei Jahrzehnten den Film *„C'est arrivé près de chez vous"* heraus – ein *„Mockumentary"*, das die Ansprüche des Dokumentarischen ins Lächerliche zieht. Die Komik des Films ist allerdings so böse, dass befreiendes Lachen kaum möglich ist. Die Hauptperson ist ein Serienkiller, der einfallsreiche Morde für die Filmemacher durchführt und sie cool kommentiert; der Hintersinn liegt darin, dass in der normalen Berichterstattung solche Filmsequenzen von den Zuschauern oft ebenso cool hingenommen werden. Die deutsche Ausgabe des Films trägt den Titel *„Mann beißt Hund"*. Das ist die Anspielung auf eine alte Journalistenweisheit, nach der die Meldung „Hund beißt Mann" zu dröge für die Zeitung ist, während eine Schlagzeile mit der Umkehrung alle Leser elektrisiert. Diese These hat nicht ausgedient; einiges spricht dafür, dass sie nach wie vor manche Auswahlprozesse in den Redaktionen bestimmt. Aber sie gehört doch eher in eine frühere Phase des Journalismus, mit weniger Meldungen und konzentrierten Interessen der Leserschaft. Ich möchte behaupten, dass heute auch die Meldung „Hund beißt Mann", besser noch: „Hund beißt Frau" und jedenfalls „Hund beißt Kind" von den Rezipienten akzeptiert wird. Und dies nicht, weil die Sensationsschwelle gesunken ist oder weil Leserinnen und Leser vom Mitleid überwältigt werden, sondern deshalb, weil sie sich angewöhnt haben, viele kleine Informationsstücke zu konsumieren.

Schon wieder die Zeitung! Der kritische Einwand liegt nahe, dass es sich hier um eine recht altväterliche Argumentation handelt. Die Zeitungsverlage haben praktisch durch die Bank Abonnenten und Käufer verloren, vor allem bei jüngeren Jahrgängen – und man fragt sich dort sorgenvoll, ob die jetzt jüngeren Leute sich später in ihren Orientierungen den jetzt älteren angleichen oder ob sie bei ihrer Art der Mediennutzung bleiben werden. In ihr haben sich andere, vor relativ kurzer Zeit noch unbekannte Vermittlungsformen in den Vordergrund geschoben: Zeitung nur noch als Ausnahme, oft nur noch kostenlose, über die Werbeeinnahmen finanzierte Wochenblätter oder pfiffige Szenezeitschriften, und auch keine Fernsehstunden vor dem Apparat im Wohnzimmer – vielmehr Bilder, Texte und auch Musik aus dem Netz, übertragen auf handliche und immer kleinere Geräte. Aber die Tendenzen, die sich aus der jüngeren Nutzungsgeschichte der älteren Medien ableiten lassen, gelten auch hier, und sogar in verstärkter Form. Charakteristisch ist gerade auch für die neu entwickelten Medien ja nicht die ruhige Nutzung einer einzelnen größeren Informationseinheit, sondern der rasche Suchvorgang und das meist hastige Zappen von einer Information zur nächsten.

Wer im Internet Informationen zu einem Begriff oder Problem sucht, landet in den meisten Fällen bei einem Angebot, das in die Tausende geht. Es ist geordnet nach der Wichtigkeit, die wiederum von der Zahl der Nachfragen mit bestimmt wird. Glücklicherweise steht meistens an erster Stelle oder doch weit oben der Text des Online-Lexikons Wikipedia. Diese Enzyklopädie ist ein großes Gemeinschaftswerk der Internetnutzer, die für die deutsche Fassung inzwischen über eine Million Artikel eingestellt haben. Oft wird davor gewarnt, weil die Texte keiner strengen wissenschaftlichen Kontrolle unterliegen; aber auch die wissenschaftliche Diskussion führt ja im allgemeinen nicht zu endgültigen Befunden, und außerdem ergibt auch die Interventionschance aller Nutzer ein gewisses Maß an Kontrolle. Jedenfalls reichen die Artikel meist für einen ersten raschen Überblick aus – *wiki* stammt aus der Sprache Hawaiis und heißt *schnell*.

Aber es ist eher die Ausnahme, wenn die Suche damit bereits zum schnellen Abschluss kommt – man ruft weitere Informationen ab, sei es, weil spezifische Fragen noch offen geblieben sind, oder sei es, weil man von einer diffusen Neugier getrieben wird. Jedenfalls wird, wer im Netz nach Informationen jagt, rasch selbst zum Gejagten.

Die – überwiegend jungen – Leute, die sich als *Blogger* betätigen, verfolgen damit unterschiedliche Ziele. Für viele ist das Einstellen von Weblogs ins Netz ein Mittel der Selbstdarstellung; Umfragen haben ergeben, dass nur ungefähr ein Drittel der Blogger ausdrücklich Wissensinformationen für Andere zugänglich machen will. Aber auch die persönlichen Blogs werden ja von Vielen abgerufen, bleiben also nicht privat. Wer im Netz die nicht mehr überschaubare Bloglandschaft aufsucht, überlässt sich fast unvermeidbar einem *information hopping*, also dem raschen Wechsel zwischen verschiedenen Informationen – seien diese nun eher persönlicher oder eher sachlicher Natur. Selbst wenn die Nutzer auf der Suche sind nach für sie wichtigen Informationen, ist jede der auch nur überflogenen Äußerungen ein Ergebnis, das aber in der Regel zur Fortsetzung der Suche anstachelt. Das gilt prinzipiell auch für das *Twittern* oder die Website *Facebook*. Allerdings gelten diese neuen Möglichkeiten weniger als Mittel der Informationsverbreitung und -nutzung; betont wird die Absicht der Herstellung sozialer Netzwerke – also die Kommunikation, die freilich grundsätzlich über den Austausch von Informationen funktioniert.

# Kontaktdichte

Eduard Mörike wartete, in der warmen Stube sitzend, auf den Besuch einer befreundeten Familie aus der weiteren Nachbarschaft. In einem Brief notierte er, was er sich für die lange Wartezeit wünschte: „Man sollte so magnetische Landcharten haben wo man geliebte Gäste...die Wege ziehen sähe". So wäre es möglich, „die allmählige Annäherung mit den Augen zu verfolgen" – und Mörike malt sich das aus: „,Soeben Ailringen passirt!' Und später: ,Der Schlitten hält noch immer, aber schon bespannt, in Krautheim'" – und so fort, bis die Gesellschaft gleichzeitig auf der Karte und vom Fenster aus in Wirklichkeit zu sehen ist. Mörike hat mit dieser Phantasie nicht nur die Navigatoren und die Übermittlung ihrer Bilder an einen fernen Empfänger vorweggenommen; auch die Vergegenwärtigung der Reisestationen ist inzwischen zu einem üblichen Verfahren geworden. Heute wären jene Besucher, obwohl es sich um eine Pfarrfamilie handelte, höchstwahrscheinlich mit mindestens einem Mobiltelefon ausgestattet, und angesichts der beschwerlichen und langwierigen Anfahrt mit einem Pferdeschlitten wäre es auch nicht überraschend, wenn über das Handy von Zeit zu Zeit Positionsmeldungen durchgegeben würden.

Was dem Dichter aber gewaltig auf die Nerven gegangen wäre und womit sich auch manche Menschen des 21. Jahrhunderts nicht anfreunden können, ist die Szenerie eines Großraumabteils der Eisenbahn, in dem gleich ein Dutzend der Fahrgäste mehr oder weniger lautstark geschäftliche oder private Gespräche über das Telefon führen – darunter auch immer wieder dicht aufeinander folgende Sequenzen in der Art von: "Wir sind jetzt in Kassel. Wilhelmshöhe natürlich." – „Jetzt bin ich in Göttingen. Nein, kaum Verspätung." – „Ja, hallo: Hildesheim. Müsste eigentlich pünktlich ankommen" – und so noch ein paar Mal auf der Strecke nach Berlin. Der Informationsgehalt solcher Mitteilungen ist dürftig, und das gilt von vielen derartigen Gesprächen. Er fehlt allerdings nicht ganz, und es ist auch zu bedenken, dass sich die Information im vordergründigen Inhalt nicht erschöpft. Der Manager, der von unterwegs in seinem Büro anruft, möchte möglicherweise vor allem zu erkennen geben, dass er pausenlos an seine beruflichen Aufgaben denkt – den Kollegen und der Sekretärin, vielleicht auch den Mitreisenden im Abteil. Und wer sich in seinen Telefonaten von Bahnhof zu Bahnhof hangelt, will dem Gesprächspartner oder der Partnerin vielleicht in erster Linie zeigen, dass er sich auf das Zusammentreffen freut.

Solche Funktionen sind nicht gering zu schätzen. Und sie sind auch nicht neu. Das Wort *Gespräch* klingt meist anspruchs- und verheißungsvoll – dabei sind weitaus die meisten Gespräche überhaupt nicht tiefgründig. Die Sprachsoziologen haben „Gespräche übern Gartenzaun" als eine besondere kommunikative Gattung herausgestellt. Zwei Nachbarn, die nicht allzu viel miteinander zu tun haben wollen, aber Wert auf ein ordentliches Verhältnis legen, reden über das Wetter, das Unkraut, die Gartenarbeit; sie tauschen nichtssagende Formeln aus, die eben doch etwas aussagen, nämlich: Auf mich ist Verlass. Wesentlich an solchen Gesprächen ist nicht der Inhalt, sondern die Tatsache des Kontakts, und statt dem Garten kann auch an die Ladentheke, den Lift, das Wartezimmer, den Wirtshaustisch, das Foyer und manches Andere gedacht werden; auch *small talk* im geselligen Umkreis gehört in diesen Zusammenhang. Obwohl dabei oft nur Bekanntes wiederholt wird, sollte die Bedeutung solcher Kommunikationsakte nicht unterschätzt werden. Vereinfachend hat Paul Watzlawick zwischen *Inhalts-* und *Beziehungsebene* unterschieden; beide Dimensionen sind in jedem Gespräch enthalten, aber in recht unterschiedlichem Mischungsverhältnis, und bei der von reflektierten Diskursen weit entfernten Alltagskommunikation überwiegt der Beziehungsaspekt. Die Aufrechterhaltung guter Beziehungen ist fast immer und überall ein wünschenswertes Ziel.

Bei Telefongesprächen wird der Adressat ausgewählt und mit seiner Nummer angewählt, und Telefonate stehen der direkten Kommunikation nahe, da unmittelbar eine Reaktion erfolgen kann. Soweit es sich nicht um unerwünschte und an sich verbotene Werbungs-Anrufe handelt, ist der Gesprächsgegenstand in der Regel auch für die Angerufenen nicht völlig irrelevant. Es kann sogar eine aufregende Information sein, dass der Zug in einer Station pünktlich angekommen und dass nicht mit einer Verspätung zu rechnen ist; und dass der Partner oder die Partnerin sich von unterwegs melden, kann die Stimmung für das Wiedersehen beflügeln. Es gibt also Entschuldigungen für die Dampfplauderer im Bahnabteil. Auch sind Bahnfahrten oft lang und langweilig – insbesondere seit die Züge mit hoher Geschwindigkeit durch karg bepflanzte Aufschüttungen und ausgedehnte Tunnels gejagt werden. Da ist es nicht allzu verwunderlich, dass die Zeit nicht nur mit der stillen Lektüre von Zeitschriften, Zeitungen und Büchern und auch nicht nur mit dem Laptop überbrückt wird, sondern auch mit geschäftlichen Telefonverbindungen und privater Beziehungspflege. Aber man geht wohl nicht fehl in der Annahme, dass in vielen Fällen gar nicht die wechselseitige Unterrichtung und der Aspekt der Beziehung im Vordergrund stehen, sondern das bloße Faktum der Realisierung vieler Kontakte – also das Moment der Überbrückung von Zeit eher als das sinnvoller Kommunikation. Das Wort *Ergebnis*, das hier als Leitvokabel eingeführt wurde, lässt sich auf die sehr verschiedenen Bereiche und Sachverhalte nicht immer mit der gleichen Evidenz anwenden; aber es erscheint adäquat, die erwähnten Telefongewohnheiten auch zu verstehen als Mittel zur Verwirklichung von Ergebnissen – Ergebnissen, die ganz folgenlos bleiben können und deren Sinn sich im Vollzug erschöpft.

Wenn auch die Stimme am Telefon die Information moduliert und erweitert – schriftliche Kommunikation ist nicht automatisch unpersönlicher als die mündliche. Man braucht nur an Briefe zu denken, die einen besonders intimen und intensiven Charakter annehmen können; und im Prinzip gilt dies auch für die neueren Formen der Übermittlung. Die Form des *Short Message Service, SMS,* bei der die Ziffern auf dem Mobiltelefon in Buchstaben transformiert werden, lässt allerdings nur kurze Botschaften zu und spielt gerade deshalb eine große Rolle – vor allem unter jungen Leuten, die beim *Simsen*, also beim Versenden der Botschaft, Höchstgeschwindigkeiten erreichen. In einem Jahr werden in Deutschland rund 30 Milliarden solcher Nachrichten verschickt. Schon aus dieser Zahl lässt sich schließen, dass im raschen Versenden und Empfangen der Kurzbotschaften in sich ein Wert gesehen wird – es sind Ergebnisse, die gewissermaßen in die persönliche Statistik eingehen, auch wenn darüber nicht Buch geführt wird.

Der Versand von elektronischen *Mails* erfordert zwar eine andere Technik; aber der psychologische Befund ist, jedenfalls bei kurzen eMails, gleich. Die Leichtigkeit, mit der die Botschaften auf den Weg gebracht werden können – man braucht keine Briefumschläge, keine Marken und keinen Postkasten –, verlockt allein schon zu häufigen und raschen Mitteilungen, und fast zwangsläufig wird dadurch das Gewicht der einzelnen Mitteilungen vermindert. Deutlich wird dies beispielsweise dann, wenn sehr persönliche Botschaften in recht unpersönlicher Weise fast durch einen einzigen Tastendruck übermittelt werden – standardisierte Geburtstagswünsche etwa aufgrund eines vorausprogrammierten Kalenders. Dieses Beispiel zeigt allerdings auch, dass man gegen das quasi mechanische Herstellen und Abrufen persönlicher Verbindungen nicht schematisch die heile Kommunikationswelt der Vergangenheit ausspielen kann. Auch die Glückwunschkarten waren und sind ja standardisiert, und der Rückzug auf eine kurze Formel bedeutet für die Absender grundsätzlich eine legitime Entlastung.

Längere E-Mails können durchaus den Umfang und auch die Qualität von Briefen annehmen. Genaue Zahlenangaben lassen sich zum Versand solcher Botschaften nicht machen; vermutlich ist aber der Austausch von persönlichen Nachrichten im Vergleich mit dem früheren Briefverkehr eher dichter geworden, da sich für den elektronischen Schriftwechsel das Prinzip und sogar die Moral der umgehenden Antwort herausgebildet hat. Verglichen mit einer postwendenden Briefantwort ist das nicht nur eine harmlose Beschleunigung, sondern eine völlig andere Dimension der Geschwindigkeit.

Langsamkeit garantiert nicht feinsinnige Emotionen, und die rasche Abwicklung verbietet nicht persönliche Gefühle. Aber sie macht es wahrscheinlicher, dass die Post *erledigt* wird – und sowohl aus eigener Erfahrung wie aus Bemerkungen von Anderen weiß ich, dass man die Latte der geschriebenen und gelesenen Mails als Leistung und als Ergebnis empfindet. Zur ‚Erledigung' gehört freilich auch die Beseitigung unseriöser Post; trotz installiertem Filter werde ich mindestens jeden dritten Tag als Nutznießer einer Millionenerbschaft angesprochen, für die ich zunächst eine Vorauszahlung leisten soll, oder es wird mir der Hauptgewinn einer internationalen Lotterie mitgeteilt, und einige Zeit zeigte man sich fast täglich besorgt um meine nachlassende Potenz, der mit Billigangeboten aufgeholfen werden sollte. Wer „man" tatsächlich ist, lässt sich nicht feststellen; es kommt vor, dass der englische Premier die freudige Mitteilung über den Lottogewinn ‚unterzeichnet' und dass sich die angeblichen Verwalter einer Erbschaft als christliche Prediger aus einem afrikanischen Land vorstellen. Solche Fälschungen und Übergriffe machen deutlich, dass man sich in dem weltweit gespannten Netz auch verfangen kann; die technisch nicht leicht aufzulösende Anonymität und die prinzipielle Offenheit dieser Form der Kommunikation bringen auch Betrug und Bösartigkeit ins Spiel.

Medienwissenschaftler verwenden oft optimistisch den Begriff *Mediascapes*, den der indische Ethnologe Arjun Appadurai vorgeschlagen hat zur Bezeichnung abgrenzbarer Kommunikationsräume, in denen sich entweder ein ganz bestimmter Personenkreis zusammenfindet oder in denen sich der Austausch von Informationen auf ein bestimmtes Interessengebiet konzentriert. Mediascapes durchbrechen andere, vorgegebene Raumgefüge, etwa politische oder geographische Gliederungen; sie sind im Prinzip global. Der Versuch, die auf den ersten Blick völlig diffuse und unüberschaubare Welt medialer Kommunikation zu ordnen, ist zu begrüßen; aber der kybernetische Raum *(cyber space)* lässt sich nicht leicht in strikt abgegrenzte Regionen aufteilen. Er ist aber auch nicht schlechthin ungegliedert. Mit Hilfe der technischen Mittel können soziale Netzwerke gebildet werden: *Chat*gruppen beispielsweise, die tatsächlich von unten her aufgrund gemeinsamer Interessen entstehen, oder *Community*-Aktivitäten, die von großen Firmen für die Belegschaft vorgesehen werden. In beiden Fällen können sich die Netzaktivitäten in den Bereich unmittelbarer Kommunikation verlängern; man trifft sich und redet miteinander, was in der Regel dann auch dem medialen Netzwerk eine größere Stabilität verleiht.

Der eigentliche Akzent der Kommunikation im Internet besteht aber gerade darin, dass der Horizont der sonstigen Kommunikation aufgebrochen wird. Verdeutlicht in einem etwas überzogenen Vergleich: Schülerinnen und Schüler, die ein Poesiealbum anlegen (das gibt es noch oder wieder!), sammeln ihre Einträge bei einem überschaubaren Kreis von Verwandten, Freunden, Bekannten; wenn sie sich dagegen in das Kontaktnetzwerk *Facebook* einklinken, können sie in kurzer Zeit Hunderte von *friends* neu gewinnen, deren Freundschaft sich aber meist auf punktuelle Zustimmungsakte beschränkt. Die *Gefällt-mir*-Notiz und die *Like*-Benotung bilden hier die häufigste Form freundlichen, aber meist folgenlosen Abhakens.

Im Ganzen muss den Internetaktivitäten aber ein hohes spezifisches Gewicht bescheinigt werden. Es ergibt sich aus dem in gewisser Weise paradoxen Sachverhalt, dass sie dank der privaten Konstellation (nur ich und der Rechner) ganz persönliche Äußerungen – in Wort und Bild – nahelegen, dass diese Äußerungen aber in vielen Fällen für ein großes und unbekanntes Publikum zugänglich sind. Es gibt nur wenig Schutz gegen deklassierende Einträge von Fremden – und von Freunden, zwischen denen manchmal ohne Rücksicht auf das Opfer ein Wettstreit um die aggressivste Denunziation in Wort oder Bild entsteht. Das *Cyber mobbing* ist zu einer gefährlichen Form der Ausgrenzung geworden; es ist in sich demoralisierend, und es wird leicht in das direkte Mobbing verlängert.

Das *Blogging*, an dem sich immerhin mehr als zehn Prozent der Internetnutzer beteiligen, bietet praktisch anderen Nutzern kontinuierlich elektronische Tagebucheinträge an, die von diesen kommentiert werden können, die aber auch viele *Lurker*, also heimliche Leser, zu Gesicht bekommen. Das englische *to lurk* bedeutet lauern – und in der Tat kann man unterstellen, dass Viele die Blogseiten nicht aus klar definiertem Interesse besuchen, sondern in der diffusen Erwartung, dort auf etwas Besonderes zu stoßen, sei es in Bezug auf den Autor eines Blogs oder auf bestimmte Sachbereiche. Dies bedeutet aber auch, dass, meist mit hohem Tempo, von Eintrag zu Eintrag gesprungen wird und dass so Ergebnisse gesammelt werden, die mit wenigen Ausnahmen auch schnell wieder entsorgt, nämlich vergessen werden.

Allerdings sollte man nicht unterschlagen, dass in den mehr oder weniger spontan von den Nutzern ins Netz eingerückten Mitteilungen ein demokratischer Impetus enthalten sein kann. Schon als die großen osteuropäischen Diktaturen noch kaum gefährdet schienen, wagte Hans Magnus Enzensberger die Prognose, dass sie auf längere Sicht (auch) über die Medien stürzen würden, da diese nie vollständig von oben kontrolliert werden können. Tatsächlich lässt sich auch jetzt in autoritär regierten Staaten beobachten, wie mit Hilfe vor allem der elektronischen Medien in immer neuen Anläufen gegen die Macht gekämpft wird – oft nur mit schwacher Wirkung, manchmal aber auch mit erheblicher revolutionärer Kraft. Und auch in demokratischen Ländern wird das Netz zu regierungs- oder auch systemkritischen Äußerungen verwendet; seit einiger Zeit werden durch Hinweise in den existierenden Netzwerken *flashmobs*, überraschende, nicht angemeldete Demonstrationen organisiert. Die Mobilisierung über die elektronischen Medien hat dazu geführt, dass politische Proteste häufig nicht mehr nur von vorweg bestehenden und organisierten Gruppen getragen werden, sondern von einer bunteren Mischung der betroffenen Bürger.

Den Beispielen von Gegenöffentlichkeit stehen allerdings viele Fälle gegenüber, in denen von einflussreichen Agenturen und Personen scheinbar spontane Äußerungen der Bevölkerung ins Netz gestellt werden, die in Wirklichkeit auf politischen oder wirtschaftlichen Erfolg berechnet sind. Große Firmen platzieren so ihre Produkte in attraktiver Form, ohne dass der Charakter der Werbung sichtbar wird, und politische Instanzen können durch geschickt im Netz verteilte Bekenntnisse den Anschein erwecken, „Alle" seien auf ihrer Linie.

Aber auch ohne solche Manipulationen ist der Umgang mit den vielen Angeboten problematisch. Die mannigfachen Kontaktmöglichkeiten im Netz konnten hier nur andeutend geschildert werden. Wer sie nutzt, gerät leicht in den Sog der vielen Möglichkeiten und in Versuchung, die verschiedenen Optionen auch wahrzunehmen. Das führt häufig zu einer raschen Sättigung; die Nutzungsstatistiken zeigen, dass neue Netzportale innerhalb kurzer Zeit extensiv nachgefragt werden, dass aber bald die Zahl der Interessenten wieder absinkt. Die Kennzeichnung *Online-Süchtige* zielt jedoch nicht ins Leere. Mitunter wird sie fälschlich pauschal auf junge Leute bezogen, die mit älteren Medien wie Zeitung oder Fernsehen nur noch wenig anfangen, die aber ja deshalb nicht schlechterdings ans Internet ausgeliefert sind. Ganz selten sind die Fälle jedoch nicht, in denen sich Menschen ungebremst und unstrukturiert im Netz bewegen und so laufend neue Kontakte herstellen, die aber punktuell bleiben und weder ausgebaut noch vertieft werden. Für sie sind die Kontakte selbst, die zahllosen Treffer, relativ unabhängig von Inhalt und Umfeld das zureichende Ergebnis.

Zweifellos ist die Bewegung im Netz in vielen Fällen ein Selbstläufer; nicht klare rationale Motive bannen die Nutzer an die Apparate, sondern diffuse Lust an den schnell abrufbaren Ergebnissen. Das führt dazu, dass nicht ganz selten die direkte Kommunikation gestört wird – konkret: Die Familie sitzt (vermutlich ausnahmsweise) beieinander, und es werden auch Themen angeschnitten, die Alle betreffen, aber die Kinder ziehen die digitalen Schaltungen vor und bleiben in ihre Smartphones vertieft. Das Kontrastbild harmonischer Familiengespräche sollte allerdings nicht allzu forsch beschworen werden, denn auch früher sind die Halbwüchsigen leicht ausgestiegen aus der Unterhaltung der Älteren. In einer Reihe von wissenschaftlichen Untersuchungen kam man übrigens zu dem Befund, dass sich im Bereich der direkten Kommunikation durch die mediale Inflation nur wenig geändert habe.

Jedenfalls beseitigt die Ergebnisjagd im Netz das Bedürfnis nach unmittelbaren Kontakten meistens nicht ganz. Es gibt sogar Anzeichen, dass diese Kontakte häufiger gesucht werden, allerdings weniger in der Familie als in der Clique. In der Jugendsprache spielt das Wort *chillen* eine wichtige Rolle. Es bezieht sich zunächst auf die individuelle Verfassung und umfasst Bequemlichkeit, Lässigkeit, Unaufgeregtheit – es steht den unter dem Schlagwort *cool* versammelten Eigenschaften nahe. Aber wenn junge Leute chillen, sind sie im Allgemeinen nicht allein, sondern in einer Gruppe; man hängt gemeinsam herum. Das spielt sich nicht in einer elektronikfreien Zone ab, Ablenkung durch den Umgang mit den eigenen Medien und Austausch über aktuell aufgenommene mediale Informationen – zum Beispiel das gemeinsame Betrachten von Bildern auf einem der Geräte – gehören dazu. Aber daneben und oft davor geht es um die Herstellung und Ausgestaltung wirklicher persönlicher Kontakte.

Ich spreche von *wirklichen* Kontakten, weil so die Assoziation unserer alltäglichen Begegnungen abgerufen wird; aber man muss sich darüber im Klaren sein, dass auch mediale Praxis zur Wirklichkeit gehört. Was in den Medien fehlt, ist die physische Realität und faktische Präsenz, während die Wirklichkeit unserer Vorstellungen, Phantasien und Lebensgesetze in den Medien gegenwärtig bleibt. Nirgends wird dies deutlicher als in den virtuellen Spielwelten, die seit einigen Jahren als *Second Life* angeboten werden, die inzwischen viel von ihrem modischen Anreiz verloren haben, aber – vor allem von immer jüngeren Mädchen und

Jungen – immer noch nachgefragt werden. Beworben werden sie als Parallelwelten, in denen alles möglich ist; tatsächlich aber sind sie trotz einigen Fantasy-Elementen im Wesentlichen bestückt mit Spielfiguren, die dem Alltag nachgebildet sind, und ausgestattet mit Dingen, die es auch diesseits der Medien gibt. Wer sich in jene Welt begibt, wählt sich zuvor ein eigenes, ständig veränderbares Identitätsprofil und hat als *Avatar* (der geheimnisvolle Name ist aus dem Sanskrit abgeleitet) die Freiheit, sich in den verschiedensten Bereichen zu bewegen – auch in solchen, die ihm im normalen Leben verschlossen bleiben, die aber kaum neue Erfahrungen eröffnen. Die kombinierte Werbebotschaft eines Betreibers: *Sei anders!* und *Sei du selbst!* verspricht die Entfremdung zu überwinden, der wir ausgesetzt sind; aber geboten wird ein Jahrmarkt der Eitelkeiten, in dem die Avatare von Stand zu Stand eilen können. Auch bei ausgeprägter Spielfreude bleibt eine Differenz zwischen dem faktischen Spieler und der Spielfigur des Avatars, der sich in der *zweiten Welt* befindet. Ausgeblendet bleiben darin weithin die negativen Seiten des Lebens wie Hunger und Not, Krankheit und Tod, während die üblichen Biotope der Wohlstandsgesellschaft verfügbar sind. Einer kritischen Betrachtung dazu in einem Satirejournal gab der Autor Andreas Koristka mit guten Gründen den Titel: *„Second Life – Als ob die Realität nicht bescheuert genug wäre"*.

Ein nüchterner Blick auf die und in die künstliche Zweitwelt führt zu dem Schluss, dass ein großer Teil der Faszination auch hier von der Möglichkeit ausgeht, ohne Einschränkungen und äußere Kontrollen in raschen Schritten unterschiedliche Bereiche aufzusuchen und dort auf die verschiedenartigsten Mitspieler – genauer: Partneravatare zu treffen. Dass der Aufenthalt und die Begegnungen dabei manchmal interessant oder behaglich sein können, wird nicht bestritten. Aber vor allem scheint es auch hier darum zu gehen, überhaupt Kontakte zu finden. Die Kontakte sind das Ergebnis.

# Einheitsklatsch

Der Ästhetikprofessor Friedrich Theodor Vischer setzte sich Mitte des 19. Jahrhunderts mit dem nicht gerade schützenswerten Volksbrauch der üblen Nachrede auseinander und wies auf deren Einseitigkeit hin: „Ob du ein träger, gewissenloser Beamter, ein Betrüger, ein Dieb, ein Lügner, ein Barbar, ein Säufer, ein Fresser bist, wird weit nicht mit der Wichtigkeit untersucht, als ob du nicht in einem Punkte menschlich gewesen seiest, in welchem die Lüsternheit sich gerne durch Erforschung fremder Sünden für eigene Entbehrungen entschädigt und so eine viel schlimmere Sinnlichkeit an den Tag legt, als diejenige ist, welcher sie nachforscht." Vischer bringt dieses heuchlerische Fixiertsein auf sexuelle Verfehlungen mit dem Pietismus in Verbindung, an dem er kein gutes Haar lässt; aber er sieht auch den Zusammenhang mit der Enge und dem „geschlossenen Familienwesen" der kleinen Städte und Dörfer seiner schwäbischen Heimat. Hier gedeiht nach seiner Beobachtung „die gegenseitige moralische Beaufsichtigung, der Tugend-Zelotismus, das schielende, hämische Sichbekümmern um das Privatleben des Nebenmenschen, das Köpfezusammenstoßen, Einanderzupfen und Zusammenflüstern…"

Pietistisch und schwäbisch – mag sein, dass damit Verstärker benannt sind; aber es gibt genügend Indizien dafür, dass sich diese Form der Kommunikation in fast allen kleinen Gemeinwesen vorfand. Man lebte in dichter Nachbarschaft, kannte praktisch alle Personen, wenn auch nicht alle gleich gut, und der enge Horizont war ziemlich geschlossen, sodass sich Interesse und Neugier weithin auf diesen Eigenraum konzentrierten. Der Klatsch ermöglichte den Zugang zu Bereichen, welche die eigene Erfahrung überstiegen; es ist sicher richtig, dass das Andeuten oder Ausmalen sexueller Verfehlungen von Anderen eine prickelnde Kompensation der eigenen Prüderie war. Das – meist heimliche – Reden über nicht anwesende Dritte war aber auch ein wirksames Mittel sozialer Kontrolle; im Klatsch hochgehaltene Gerüchte konnten ebenso stigmatisierend wirken wie Gerichtsurteile. Gegen die schnelle und vorbehaltlose Abwertung des Klatschs wird in jüngeren Untersuchungen vielfach die prosoziale Wirkung hervorgehoben; danach werden durch Klatsch wichtige Normen aufrechterhalten, und der Klatsch unterstützt als unsichtbares Kommunikationsnetz den Zusammenhalt einer größeren Gruppe von Menschen. Das ist nicht von der Hand zu weisen; Angst vor Klatsch kann stabilisierend wirken. Aber es lässt sich kaum abstreiten, dass über den Klatsch auch immer Machtspiele ausgetragen wurden, die über die Degradierung der Betroffenen funktionierten – bis hin zu ihrem Ausschluss aus der Gemeinschaft.

Ich habe das im Modus der Vergangenheit formuliert. Sicher mit einer gewissen Berechtigung: Die knapp skizzierten Voraussetzungen sind so nicht mehr gegeben; die Urbanisierung ist vorangeschritten, und selbst in kleinen Ortschaften ist die Bevölkerung diffuser, das Gefüge weniger überschaubar, das Leben anonymer geworden. Aber Klatsch existiert nach wie vor, wenn auch nicht immer unter diesem Namen und auch nicht in der klassischen Konstellation, wie sie oft in Karikaturen festgehalten wurde: Zwei Menschen – fast immer Klatsch*weiber*, für die man dieses Geschäft reserviert sah – tuscheln miteinander an einer Straßenecke und haben dabei eine dritte Person im Auge, die in einiger Entfernung zu sehen ist.

Ein Grund für die Fortdauer von Klatsch liegt darin, dass es in unserer Gesellschaft bei aller Buntheit nach wie vor relativ feste Gruppierungen gibt, in denen Rangordnungen eine Rolle spielen. Das kann sich beim Wettbewerb um Führungspositionen und Funktionsstellen zeigen; wenn es in einem Verein oder in einer Partei um Kandidaturen geht, zählen manchmal nicht nur die offen vorgetragenen Argumente, sondern auch die hinterrücks angesetzten Klatschattacken. Aber auch abgesehen vom Wettstreit um angesehene Posten und Aufgaben gibt es fast immer eine heimliche Hierarchie, in der Plätze erobert oder verloren werden können. Dies gilt beispielsweise schon von Schulklassen, in denen sich fast immer ein Geltungsgefälle herausbildet, das sich keineswegs zwingend an den von den Lehrkräften beurteilten Schulleistungen orientiert und das auch nicht unbedingt mit den für die Wahl von Klassensprechern maßgeblichen Einschätzungen übereinstimmt. Es entsteht vielmehr im Zuge des Informations- und Meinungsaustauschs zwischen einzelnen Schülerinnen und Schülern und in kleinen Gruppen, und hier wird die Grenze zum Klatsch sehr leicht überschritten.

Die ausgedehnten kritischen Diskussionen um *Mobbing* müssen – bei generellen Erklärungen wie bei der Untersuchung konkreter Fälle – die möglichen Folgen von Klatsch einbeziehen. Dabei ist der im Klatsch angelegte Steigerungseffekt wirksam. Die Studie von Jörg R. Bergmann zum Klatsch bezeichnet ihn im Untertitel als „*Sozialform der diskreten Indiskretion*". Damit ist ein wichtiges Spannungsfeld angesprochen: Was heimlich und geheim („nur unter uns!") gesagt wird, findet leicht und schnell Verbreitung. Der Ausgangspunkt von Klatschbehauptungen kann selbst in recht kleinen Gruppen in der Regel nicht festgestellt werden, und dies erhöht paradoxerweise oft die Akzeptanz, da damit ja auch die Überprüfung des Wahrheitsgehalts wegfällt. Was als relativ harmlose Beobachtung oder als gemäßigt boshafte Erfindung seinen Anfang nimmt, entwickelt sich so schnell zu einem gewichtigen Deklassierungsmoment.

Dies ist deshalb von Bedeutung, weil der Klatsch gar nicht nur durch Ziele wie soziale Kontrolle, moralische Aufsicht, persönliche Abwertung charakterisiert ist, sondern auch mehr oder weniger automatisch entstehen kann im Aktionsfeld zwischen Geschwätzigkeit und Fabulierlust. Und es hat den Anschein, dass dieser quasi unmotivierte Klatsch in unserer Gesellschaft zugenommen hat. Die Anlässe zur Kommunikation sind häufiger und vielfältiger geworden. Kommunikation setzt aber grundsätzlich irgendein Thema voraus, und da liegt es nahe, dass über Personen gesprochen wird. Für die mediale Kommunikation gilt das wahrscheinlich nicht im gleichen Ausmaß; hier dürften Sachthemen dominieren – aber einen beträchtlichen Anteil haben auch hier Äußerungen, die sich auf Personen beziehen. Dabei kann man nicht mehr mit einem gemeinsamen Bekanntenkreis in der Nachbarschaft oder im eigenen Ort rechnen; aber die Zahl der Personen, für die sich ein Austausch im Gespräch anbietet, ist nicht kleiner, sondern größer geworden.

Die Veränderung mag an einem Beispiel erläutert werden, das zum Randbereich des Themas Klatsch gehört. Es gab früher in jedem Ort lokale Überlieferungen, in denen unheimliche und unerklärte Vorkommnisse festgehalten wurden, Hexen- und Teufelswerk, Geistererscheinungen, Naturkatastrophen. Diese Geschichten, von volkskundlichen Sammlern als *Sagen* etikettiert, wurden zwar verschiedentlich variiert, im Wesentlichen aber immer gleich wiederholt. Heute werden sie zwar manchmal noch aus gedruckten Sammlungen ans Licht gezogen, sind aber weitgehend vergessen. Die Faszination des Übersinnlichen ist jedoch nicht verschwunden, und sie wird durch das religiöse Angebot nicht völlig gedeckt. Deshalb gibt es nach wie vor Geschichten, die in diese Rubrik gehören, moderne Sagen, die weit ausgreifen und die oft in anderen Ländern und in fremden kulturellen Zusammenhängen angesiedelt sind. Titel der deutschen Sammlungen, die Rolf Wilhelm Brednich mit seinen Studierenden zusammengetragen hat, lassen schon den exotischen Einschlag erkennen: *„Die Spinne in der Yucca-Palme"*, *„Die Maus im Jumbo-Jet"*, *„Pinguine in Rückenlage"*. Und die bekanntesten der Stories bestätigen den Zug zur Mobilität und Grenzüberschreitung: Da ist der Reisende, der in einem fernen Land betäubt und dem ein inneres Organ entnommen wird; ein anderer, dem ein für ihn ekliges Tier als Speise vorgesetzt wird; der Anhalter, der spurlos während der Fahrt im Auto verschwindet; der Alligator, der plötzlich in der Toilettenschüssel auftaucht. Alles vagierende Geschichten, fernab vom unmittelbaren Erfahrungsraum, aber doch darauf bezogen – nicht zuletzt dadurch, dass sie zwar im Allgemeinen nicht die Hauptfiguren einer Geschichte in den eigenen Kreis ziehen, wohl aber die angeblichen Gewährsleute. Auf Englisch werden die Geschichten als *foaf-tales* bezeichnet. *Foaf* ist die Abkürzung für *friend of a friend*; der hat sie angeblich selbst erlebt. Die Erzähler berufen sich also auf jemand, den sie selbst nicht kennen, für den aber der Freund (und es kann auch die Freundin sein) bürgen kann. Damit aber – das ist der Sinn dieser Zuordnung – wird der Wahrheitsgehalt der meist haarsträubenden Geschichten unterstrichen.

Das ist eine Annäherung an die herkömmliche Grundfigur des Klatschs; aber die Konstellation ist doch eine völlig andere. Die *urban legends* (dies ist die nordamerikanische Gattungsbezeichnung) werden gern kommuniziert, weil die erzählten Entgleisungen vielfach komisch und erheiternd sind; manchmal wohl auch, um dem Adressaten, der sich vielleicht gerade auf eine Fernreise in unbekanntes Gelände vorbereitet, Angst einzujagen. Aber sie zielen nicht auf eine den Kommunizierenden bekannte Person, über die angebliche Neuigkeiten mit in der

Regel negativer Einfärbung berichtet werden. Die ‚Helden' oder ‚Heldinnen' jener Erzählungen sind vielmehr unbekannt, ihre Schädigung geht nicht vom Erzähler aus; und die Geschichten evozieren höchstens eine ziemlich abstrakte Schadenfreude.

Eine ganz ähnliche Entwicklung nimmt aber auch der moderne Klatsch. Wenn heute von Klatsch die Rede ist, dann kann damit die alte Form gemeint sein, die eine zum engeren oder weiteren Bekanntenkreis gehörige Person aufs Korn nimmt und die durch Geheimhaltung wie durch den Verstoß dagegen charakterisiert ist – indiskrete Diskretion, um die schon erwähnte Formel umzukehren. Geläufiger aber ist eine ganz andere Ausprägung von Klatsch, die durch ein Höchstmaß von Zugänglichkeit und Öffentlichkeit charakterisiert ist. In manchen Journalen wird jeden Monat oder gar Woche für Woche in endlosen Bildfolgen das Leben der Reichen und der Stars vorgeführt. Dabei handelt es sich nicht um eine einzelne Sparte des Inhalts, die von ganz anderen Informationen ergänzt wird – die Hefte bewegen sich so gut wie ausschließlich in der Welt von Gala und Glamour; nur die eingerückte Werbung öffnet die Skala auch nach unten und macht deutlich, dass das Interesse an den präsentierten Oberschichtsritualen nicht von der finanziellen Ausstattung der Leserinnen und Leser abhängt. Die weithin übliche Auslage solcher Illustrierten in Wartezimmern könnte den Schluss zulassen, dass die Medizin einen positiven Effekt solcher Journale unterstellt. Auch das Fernsehen kennt Sendungen, in denen Klatsch ausgebreitet und in denen diese Etikettierung keineswegs vermieden wird. Und ebenso haben Zeitungen ihre Klatschspalten – selbst durchaus respektable Blätter, die dem Klatsch manchmal durch Überschriften wie *„Aus aller Welt"* einen etwas seriöseren Anstrich geben.

Aber es ist ein anderer Klatsch als die tückische verbale Nahkampfwaffe mit Schalldämpfer, die im engeren Horizont angewandt wird. Es sind tatsächlich Neuigkeiten aus aller Welt. Sie entsprechen in vielen Fällen der Realität, die ja bunt genug ist, können aber auch erfunden sein. Eine amerikanische Filmschauspielerin und ein australischer Boxchampion haben sich einvernehmlich getrennt, werden aber die beiden Kinder gemeinsam betreuen. Ein chinesischer Kleinhändler, der ein ärmliches Leben führte, hat bei seinem Tod ein Vermögen im Gegenwert von fast zwei Millionen Euro hinterlassen. Ein bekannter Fußballspieler, vor kurzem zum vierten Mal geschieden, zeigte sich in einem italienischen Strandbad mit einer um Jahrzehnte jüngeren Frau. In Nigeria wurden Dutzende von Kindern in Krankenhäuser eingeliefert mit einer vorher unbekannten Krankheit, deren Ursachen noch nicht genau identifiziert sind. In einer nordenglischen Stadt ist ein Mann an den Folgen einer Wette gestorben, bei der es um den raschen Verzehr einer großen Zahl von Muffins ging. Eine schwedische Band, die noch vor wenigen Monaten in den Charts war, hat sich aufgelöst, weil sich ihr berühmtestes Mitglied, eine Sängerin, zurückzog. In einem kleinen Ort im Harz hat eine Frau Fünflinge zur Welt gebracht, von denen allerdings nur drei gerettet werden konnten. In Brasilien hat die ganze Besatzung den Absturz eines Frachtflugzeugs überlebt. Ein indischer Politiker, der zwei Jahre verschwunden war, ist wieder aufgetaucht und stellt sich zur Wahl. Und so weiter – die Geschichten decken nicht nur große Teile der Erdoberfläche ab, sondern auch alle denkbaren Möglichkeiten aufregender Entgleisungen und kurioser Konstellationen.

Zum Teil beziehen sich die Meldungen auf Personen, die einen gewissen Bekanntheitsgrad aufweisen, auch wenn nicht alle Rezipienten mit den Namen etwas anfangen können, zum Teil aber auch auf gänzlich Unbekannte. Das macht einen Unterschied. Wo mehr oder weniger exponierte Personen in den Mittelpunkt gerückt werden, kann mit größerer Aufmerksamkeit gerechnet werden, und außerdem handelt es sich um Prominentenpflege, die erwünscht ist – in aller Regel auch von den Betroffenen. Dies gilt, obwohl in den einschlägigen Sparten mit Vorliebe auch Verfehlungen ins Auge gefasst werden; für die positive Bewertung spielt die Lockerung moralischer Prinzipien eine Rolle, vor allem aber die bei vielen öffentlichen und halböffentlichen Personen vorhandene Überzeugung, dass es wichtig ist, vorzukommen, also erwähnt zu werden, gleichgültig ob mit negativen oder positiven Vorzeichen.

Das sieht offenbar auch das Publikum so. Gewiss können kritisch gefärbte Meldungen die Skandalisierung gesellschaftlicher Vorgänge und Vorfälle verstärken, und manchmal tragen sie wesentlich zu personellen Veränderungen in der Politik oder Wirtschaft bei. Aber es ist nicht der Regelfall. Die Leute sitzen zwar mit der Aufnahme und auch der Weitergabe solcher Klatschinformationen gelegentlich zu Gericht über diejenigen, die lange hochgejubelt wurden und bei denen der Lack jetzt bröckelt; aber von großem Gewicht ist diese moralische Einschätzung nicht. Bernhard Pörksen, der verschiedene genaue Untersuchungen zum Thema *Skandal* vorgelegt hat, charakterisierte in einem Interview den Umgang mit derartigen Meldungen: „…wir alle lieben die Empörung über die Affären und Affärchen, die sich blitzschnell verstehen lassen: Mal geht es um überzogene Vortragshonorare, dann wieder um ein paar gesponserte Tage in einem Luxushotel, schließlich um sexistische Sprüche an irgendeiner Hotelbar. Es ist diese letztlich grausame Totalausleuchtung und die neue Medienmacht, die uns interessiert. Der Skandal ist auf der Ebene der süffigen, sofort verständlichen, aber gesellschaftlich oft irrelevanten Geschichte angekommen."

Es geht ganz überwiegend um das bloße Registrieren irgendeines Vorgangs, der mit einer bekannt-berühmten Person zusammenhängen kann, aber nicht muss; deshalb erscheinen in vielen Klatschspalten gleichrangig auch Nachrichten über Personen und Personengruppen, die völlig unbekannt sind. All diese News führen zu einer schnellen und schnell vorübergehenden Belebung der Szene; sie vermitteln kaum substanziell Neues und bewirken auch keine Neuorientierung. Die Neuigkeiten werden nicht verarbeitet, sondern relativ folgenlos konsumiert; der Modus der Aufnahme solcher Nachrichten ist das flüchtige Aufsuchen und Abhaken von ziemlich beliebigen Ergebnissen.

Natürlich ist es nicht vollkommen gleichgültig, was in den kurzen Meldungen abgehandelt wird. Es sagt ja doch Einiges aus über das große Publikum, wenn ungeachtet aller demokratischen Voraussetzungen die Neugier auf Königshäuser und Adelsfamilien gerichtet bleibt; und genauso ist es aufschlussreich, dass exponierte Vertreter der Funkmedien, vor allem des Fernsehens, nicht nur als Meister ihres Fachs gewürdigt werden, dass sie vielmehr auch mehr oder weniger automatisch in ganz anderen Feldern im Exzellenzmilieu verortet werden – als Literaten und Sänger, als Psychologen und politische Experten, als Wissenschaftler und Köche. Was sie vorführen, ist dabei oft ausgesprochen dürftig, aber es ist auch nur das Mittel zur Steigerung der Präsenz und damit zur Stabilisierung des Ansehens der Stars – nicht über hervorragende Leistungen, sondern über banale und ziemlich beliebige Ergebnisse.

Wo über nicht allgemein bekannte Personen berichtet wird, ist irgendeine Pointe, irgendetwas Außergewöhnliches gefordert – dementsprechend finden sich in solchen Meldungen oft kleine Überraschungen und auch Absurditäten, jedenfalls Abweichungen vom bekannt Alltäglichen. Eine Beglaubigung wird im Allgemeinen nicht erwartet. Bilder gelten als sichere Belege; wo sie recht Unwahrscheinliches oder Geheim-Exklusives zeigen, wird der Grund dafür in der Findigkeit von Paparazzi und nicht in Manipulationen des Fotolabors gesucht. Und auch die Wortmeldungen unterliegen keiner kritischen Kontrolle. Es sind Unterhaltungselemente, denen der tatsächliche oder angebliche Realitätsbezug einen besonderen Anstrich gibt, die hin und wieder zum Weitererzählen oder auch zur Aufnahme in Tweets reizen, aber keine wirklichen Spuren hinterlassen.

Wenn Etikettierungen gefragt sind, könnte man den in die unmittelbare soziale Konstellation eingreifenden direkten Klatsch als *vormodern* bezeichnen, *modern* wäre die Überschreitung des engeren Horizonts und der Zugriff auf Personen jenseits des eigenen Erfahrungsraums, *postmodern* schließlich die gesteigerte Diffusität und Beliebigkeit der Klatschinformationen. Aber es handelt sich nicht um Prozesse einer vollständigen Ablösung und klaren Abfolge. Teile der gesellschaftlichen Struktur sind noch immer traditionell geprägt; und ganz generell gilt, dass mehr Vormodernes in unsere Zeit hereinragt, als das neugkeitsorientierte Interesse wahrnimmt. Die postmoderne Beliebigkeit wird leicht überschätzt. Aber so viel lässt sich sagen, dass Klatsch nicht mehr in erster Linie jene Kommunikationsfigur ist, mit der indirekt, aber gezielt einem Opfer die Hölle heiß gemacht wird; Klatsch ist vielmehr vor allem die rasche und breit gestreute Bereitstellung aparter, aber ziemlich gleichartiger und beliebiger kleiner ‚Tatsachenberichte‘. Der Weg führt also, etwas holprig in Schlagworte gefasst, vom *Einheizklatsch* zum *Einheitsklatsch*.

# Kauflust

Hin und wieder berichten die Zeitungen von Personen, die über einen längeren Zeitraum Gegenstände angesammelt haben, die sie zu Hause horten. Das können Schuhe sein, Dessous, Hüte, aber auch Aschenbecher oder Zahnbürsten, Kochlöffel oder Tassen – die sie dann paradoxerweise *alle im Schrank* haben. Da solche Ticks aufwändig sind, finden sie sich meistens bei verwöhnten Stars, was ihnen den Weg in die *Vermischten Nachrichten* öffnet. Aber sie treten auch am anderen Ende der sozialen Skala auf, wo sie nicht durch hektische Einkaufsaktivitäten, sondern durch ebenso hektische Diebeszüge verwirklicht werden, und auch das sichert ihnen nach der Entdeckung eine gewisse Publizität.

So war zu lesen, dass eine Frau monate- oder gar jahrelang elegante Kleider aus teuren Modegeschäften entführt und in ihrer Wohnung gestapelt hatte; 70 Säcke wurden benötigt, um das Diebesgut zur Polizei zu transportieren. Solche Meldungen mögen manchmal erfunden sein, aber in der Regel spiegeln sie wohl die tatsächlichen Verrücktheiten menschlichen Handelns. Die Berichte bereiten den Leserinnen und Lesern im allgemeinen Vergnügen. Das hängt mit den evozierten Bildern zusammen, die absurde Szenen zeigen. Schon die Vorstellung des vollgestopften Zimmers und die dadurch erzeugte Gleichstellung von modischer Ware und Müll kann zynisch angehauchte Heiterkeit hervorrufen; und wenn man liest, dass sich danach sechs Polizisten mit der Sondierung der Kleider beschäftigten, amüsiert man sich über diese Arbeit: Sie war unerlässlich, gleichzeitig aber ziemlich nutzlos, denn die Psychopathin hatte die Kleider zwar nicht getragen, aber sämtliche Etiketten entfernt und die Kleider dadurch beschädigt. Die polizeiliche Sondierung wies die Diebeszüge vollends als zwanghafte, krankhafte Handlung aus, die sicher eine ernsthafte Therapie fordert – die aber wie alle extremen Anomalien auch ins Licht der Komik gerückt werden kann.

Aber könnte außer dieser Komik am Vergnügen der Leser nicht auch beteiligt sein, dass ihnen solche Handlungen, die als Tick vorgeführt werden, gar nicht so fremd sind? Gewiss, die überwiegende Mehrheit der Menschen besteht nicht aus Kleptomanen, und es sind auch nur ganz Wenige, die sich die extremen Verrücktheiten des Einkaufs finanziell leisten können. Aber im Prinzip weicht das übliche Kauferlebnis nicht allzu weit von jenen Extremfällen ab. In Untersuchungen zur Kleptomanie wird die besondere Anspannung unmittelbar vor der entscheidenden Handlung hervorgehoben, aber auch das Gefühl der Befriedigung während und direkt nach der Tat. Da die ‚Tat‘ beim normalen Einkauf ohne Risiko ist, fehlt die Anspannung im Vorfeld – es sei denn, es handelt sich bei einem gezielten Einkauf um die unsichere Erwartung, ob der gewünschte Gegenstand verfügbar ist. Das Gefühl der Befriedigung dagegen begleitet auch den regulären Einkauf. Der Anthropologe Igor Kopytoff vertrat die Ansicht, dass Gegenstände nur im Augenblick des Kaufs Warenstatus haben. Man kann einwenden, dass sie ja auch

vorher als Ware Teil der Kalkulation und danach Teil der Abrechnung und Bilan-
zierung sind – aber das sind abstrakte Daten, während der konkrete Gegenstand
tatsächlich nach dem Kauf in ein anderes System übergeht, das des Gebrauchs
und des tatsächlichen Nutzens. Der Warencharakter bestimmt in der Tat nur den
Vorgang des Kaufs, also die Entscheidung des Konsumenten. Für ihn ist dieser
Vorgang mit leichten Triumphgefühlen verbunden; man könnte sogar sagen, dass
dieser Triumph sich ableitet aus der Liquidierung der Ware und der Überführung
des Gegenstands in den Raum autonomer Nutzung.

Das beim Kauf präsente Gefühl der Befriedigung ist kaum auf Dauer zu stellen. Abgesehen davon, dass viele eingekaufte Objekte für raschen Verbrauch
und nicht für längeren Gebrauch bestimmt sind – auch bei langfristigen Gebrauchsgütern lässt sich das positive Gefühl des Kaufs in der Regel nicht mehr
einholen. Das hängt einmal damit zusammen, dass gekaufte Gegenstände heute
meist in ein großes Arsenal schon vorhandener Gegenstände wandern, das am
Charakter der Einmaligkeit kratzt, der im Augenblick des Kaufs noch präsent ist.
Das gilt nicht nur, wo gleiche oder sehr ähnliche Gegenstände schon vorhanden
sind; auch die Tatsache, dass wir fast alle mit einer Unzahl von Gegenständen
umgeben sind, drückt unabhängig von der Vielzahl der Gebrauchsweisen auf die
Bedeutung des einzelnen Gegenstands.

Kulturwissenschaftliche Untersuchungen in der alten agrarischen Gesellschaft
haben ergeben, dass die Menschen dort mit wenig mehr als hundert Gegenständen auskamen, während heute die Zahl schon in einer kleinen Studenten-
bude in die Tausend geht – auch wenn die Büroklammern nicht einzeln gezählt
werden. Für vormoderne Verhältnisse, wie sie bei der bäuerlichen Bevölkerung
am längsten überlebten, galt die von Bruce Chatwin in seinem Essay „Der Traum
des Ruhelosen" vertretene These, der Mensch könne verstanden werden als
„Summe seiner Dinge". Tatsächlich war die Lebenswelt der Menschen an den sie
umgebenden und für sie verfügbaren Dingen abzulesen, und zwar nicht nur die
äußere Welt, die ganz wesentlich von der Arbeit bestimmt war, sondern auch die
innere Welt, die in religiösen Gegenständen und auch Büchern bezeugt wurde.
An die Stelle jenes intensiven Umgangs mit wenigen Dingen ist die extensive
Inflation der Dinge und damit eine Banalisierung der Dingwelt getreten.

Die Vielzahl der Dinge, die gewissermaßen miteinander konkurrieren und die
nicht leicht koordinierbar sind, reduziert ihren Nutzen. Allein schon der zeitliche
Aufwand, der mit dem Gebrauch von Dingen verbunden ist, kratzt an ihrem Wert.
Das gilt grundsätzlich, fällt in einzelnen Bereichen aber besonders ins Gewicht.
Als Beispiel können Bücher angeführt werden: Nicht nur die werden oft nicht
gelesen, die man verschenkt oder geschenkt bekommt; auch ein beachtlicher
Prozentsatz der Bücher, die voller Vorfreude von einem Stapel der Buchhandlung
genommen und für den eigenen Gebrauch gekauft werden, wandert ungelesen
ins Regal. Dabei mag früher die Absicht im Spiel gewesen sein, den Bücher-
schrank im Sinn einer Bildungsdemonstration aufzufüllen; diese Funktion findet

sich aber fast nur noch in Komödien, manchmal in der pointierten Form, dass in einer größeren Buchattrappe die Whiskyflasche versteckt ist. Jetzt bleiben Bücher ungelesen, weil man zu viel davon hat; viel spricht dafür, dass Buchhandlungen und Verlage ohne diesen lukrativen Leerlauf noch sehr viel energischer ums Überleben kämpfen müssten. Ein anderes Beispiel sind die technischen Möglichkeiten der Speicherung von Daten, die nie mehr abgerufen werden. Vor allem in den Anfängen war das Kopieren von Fernsehsendungen recht populär, und es gibt nicht wenige Haushalte, in denen alte Filme und Shows aufbewahrt werden in einer großen Sammlung von Videokassetten – die nie mehr abgespielt wurden oder werden, denn sonst würde man ja etwas von den aktuellen Angeboten versäumen. Das Herunterladen von im Rechner oder auch in Clouds gespeicherten Dateien ist im Vergleich damit weniger umständlich; aber auch hier steht die Menge des Gespeicherten meist in keinem vernünftigen Verhältnis zur Reaktivierung der Daten.

Aber auch, wo Gekauftes genutzt wird, ist es die Ausnahme, wenn das den Einkauf begleitende Hochgefühl dabei erneuert wird. Die für die Kaufplanung verantwortlichen und jedenfalls zum Zeitpunkt des Kaufs lebendigen konkreten Erwartungen werden fast zwangsläufig enttäuscht. Wolfgang Fritz Haug hat in seiner zuerst 1971 erschienenen *„Kritik der Warenästhetik"* Überlegungen des jungen Marx weiter entwickelt, in denen bereits gezeigt wird, wie die Bedürfnisse der Käufer ausgenützt, manipuliert und auch künstlich erzeugt werden. Seither ist immer wieder auf die Modalitäten und Tricks hingewiesen worden, mit denen der Ware ein *Gebrauchswertversprechen* beigegeben wird, das den tatsächlichen Gebrauchswert übersteigt. Dies beginnt beim Design und der Verpackung; allerdings ist hier der radikalen Kritik entgegenzuhalten, dass die ästhetische Drapierung zwar den praktischen Gebrauchswert keineswegs steigert, dass es aber auch einen emotionalen Gebrauchswert gibt, der bis zu einem gewissen Grad die Verteuerung der Produkte durch ästhetischen Zusatz rechtfertigt. Man zieht nun einmal schön verpackte und hübsch angeordnete Pralinen einer lieblos abgefüllten Tüte mit Schokoladenwerk vor – wenigstens im Allgemeinen. Deutlicher und problematischer ist das Missverhältnis zwischen Versprechen und Realität in der Werbung, in der beispielsweise Medikamente fast immer vollständige Heilung bringen und der Hinweis auf Risiken und Nebenwirkungen nur anhangweise auftaucht. Auch wird die Ware hier fast nur von schönen Menschen präsentiert – mit gewissen Modifikationen, die den Geschmacksvarianten der Konsumenten Rechnung tragen. Und wo Schönheit eher zurücktritt, schiebt sich sichtbares Glück in den Vordergrund – Glück, das angeblich erreichbar ist mit der angepriesenen Ware.

Die Ware wird aber nicht nur durch den makellosen *Schein des Gebrauchswerts* in eine Liga hochgespielt, in die sie nicht gehört; sie wird andererseits in ihrem tatsächlichen Gebrauchswert oft gezielt beeinträchtigt. Da eine allzu lange Lebensdauer von Gebrauchsgütern dem Umsatz schadet, wird die Haltbarkeit vielfach auf kurze oder mittlere Fristen kalkuliert. Dies muss nicht den ganzen Gegenstand betreffen; ein Hemd kann weithin den soliden Eindruck bewahren, es genügt, wenn die Knopfleiste ausleiert, und bei teuren Dingen wie etwa bei einem Auto liegt zumindest für potente Käufer ein Neukauf nahe, wenn wichtige Teile ausfallen (und womöglich Ersatzteile nicht mehr zu beschaffen sind). Wichtiger noch: Dieser *eingebaute Verschleiß* funktioniert auch jenseits der materiellen Substanz. Wenn neue Modelle in massiver Weise präsentiert und als schöner und effizienter vorgestellt werden, reduziert dies kontinuierlich den Wert des früheren Modells – bis zu dem Punkt, an dem der Besitzer weich wird und sich mehr oder weniger überzeugt auf das neue Angebot einlässt.

Was als Gebrauchswert gefasst wird, hängt nicht nur von der Qualität des in Gebrauch genommenen Gegenstands ab, sondern auch von der Disposition der Nutzer, von ihren Bedürfnissen und von den Verschiebungen in ihrem Bedürfnissystem. Das klingt komplizierter, als es ist. Angenommen, eine Frau (oder ein Mann...) kauft eine der heftig beworbenen und in immer wieder neuen Aufmachungen angebotenen Allzweck-Küchenmaschinen. Sie funktioniert auch gut; es gibt, wie bei vielen neu erworbenen Dingen, eine Art Flitter-Phase, in der neue Möglichkeiten entdeckt werden und der Umgang Spaß macht. Aber allmählich treten Nachteile in den Vordergrund; zum Beispiel fordert das Gerät bei der Reinigung einen ganz erheblichen Zeitaufwand – wie ja generell der Nutzen technischen Fortschritts oft mit beachtlichen Nachteilen erkauft wird. Und selbst wenn solche Nachteile nicht gegeben oder nicht offenkundig sind, reduziert sich der Wert von Dingen durch ihre Veralltäglichung, durch die Gewöhnung – ich unterdrücke einen weiteren Vergleich mit den Flitterwochen.

Diese relativ ausführliche Darstellung von Gebrauchsweisen und von Veränderungen im Gebrauch läuft auf die Feststellung hinaus, dass die Gegenstände in der Regel tatsächlich (fast) nur im Moment des Kaufs leuchten, in der Nutzung aber ins Grau des Alltags übergehen. Der Kauf als punktuelles Ergebnis übersteigt die Möglichkeiten der späteren Nutzung. Die Leute machen sich das im Allgemeinen nicht bewusst; aber sie entwickeln durchaus ein Gefühl dafür. Das Tempo des Wechsels hat sich in den letzten Jahrzehnten deutlich erhöht. Möbel, die früher quasi zu den Immobilien gehörten, werden häufiger und schneller ausgetauscht; technische Geräte werden oft schon nach kurzer Zeit durch neue Modelle ersetzt; und bei Kleidungsstücken steht vielfach nicht die dauerhafte Qualität im Vordergrund (die auf längere Sicht sparsamer wäre), sondern die Möglichkeit raschen und häufigen Wechsels. Dies entspringt nicht nur dem Bedürfnis nach Abwechslung, sondern auch dem Bedürfnis, die Chancen zum Kauf nicht zu beschränken, also den Kauf als punktuelles Erlebnis und damit als positives Ergebnis zu sichern.

Dazu passt es, dass ein großer Teil der Einkäufe nicht von langer Hand geplant ist, sondern mit einiger Beliebigkeit zustande kommt. An manchen Orten ist man umstellt von Automaten, die nicht nur Getränke und Süßigkeiten bereit halten, sondern neuerdings auch Pizza und Brötchen, Dessous und Strumpfhosen. Die schnelle Zugriffsmöglichkeit trägt hier zur Motivierung des Kaufs bei; abwägende Überlegungen treten zurück. Dies gilt auch für den immer häufiger werdenden Einkauf über das Internet, das ja die Möglichkeit einräumt, gezielt nach gewünschten Dingen zu suchen und die Angebotspalette zu vergleichen, in dem man aber auch auf Werbeanzeigen und eher zufällige Warenhinweise stößt, die Spontanbestellungen provozieren. Sie sind wohl zu einem beträchtlichen Anteil für die überhand nehmenden Rücksendungsaktionen verantwortlich, die dem (mangelhaften) Gebrauchswert Geltung verschaffen, die aber offenbar die vorausgehende Lust am Kaufergebnis nicht wirklich beeinträchtigen.

Auch beim Teleshopping geht es selten um von langer Hand geplante Anschaffungen, vielmehr erliegt die Kundschaft dem Wortschwall der Moderatoren, die jeweils einen ganz konkreten Gegenstand anpreisen und oft sehr lange mit der dreisten Behauptung operieren, es gebe nur noch wenige Exemplare. Wenn der Verdrängungskampf in den Märkten und die Gefährdung des Einzelhandels diskutiert wird, ist meist viel vom Internet und wenig von den Fernsehangeboten die Rede; aber es gibt in Deutschland inzwischen mehr als ein Dutzend Verkaufssender mit beträchtlichem Umsatz.

Die offensichtlichste Konkurrenz des Einzelhandels sind die Supermärkte, und auch dort spielt der *Impulskauf* eine große Rolle. Man rechnet mit etwa 60 Prozent spontanen Käufen. Solche Zahlen sind nicht gesichert. Es ist zu bedenken, dass viele Kunden nur mit einer ungefähren Vorstellung ihres Bedarfs zum Einkauf gehen; sie orientieren sich an den Auslagen, und es ist schwer zu sagen, ob es sich um einen spontanen oder einen gezielten Einkauf handelt, wenn sie im Regal eine bestimmte Ölsorte entdecken oder wenn sie an einem der zahlreichen „Stopper" eine Kekstüte in den Einkaufswagen legen. Nur eine kleine Minderheit kommt mit einem Einkaufszettel, und vermutlich sind die meisten Einkäufe in der Grauzone zwischen geplant und spontan anzusiedeln. Aber es ist schon aufschlussreich, dass in den großen Einkaufsmärkten weniger mit Qualitätsversprechen als mit Strategien der Anordnung und auch der Inszenierung von Waren operiert wird.

Dazu gehören Beleuchtungseffekte, die Gemüse und Obst den Anschein geben, die Ware komme unmittelbar vom Acker und aus Gärten, die also die oft unglaublich langen Transportwege vergessen lassen sollen und die auch der Frische des Fleischangebots etwas aufhelfen. Aber der Verkauf wird nicht nur davon beeinflusst, wie die Waren aussehen, sondern auch davon, wo sie zu finden sind. Eigene Institutionen entwickeln eine auf ein bestimmtes Warenangebot ausgerichtete Shoppergeographie, und für die Aufstellungs- und Ausstellungsregie in Supermärkten gibt es feste Leitlinien – teure Angebote in Augenhöhe, Billiges nach unten; lange Wege zu den meistgesuchten Dingen, damit andere Angebote passiert werden müssen; große Einkaufwagen, deren leere Flächen zum Auffüllen einladen; enge Gänge, die eine achtlos schnelle Bewegung nicht erlauben; schließlich, mit überwiegend billiger Ware, die ‚Stopper', welche die Kunden ausbremsen und sich in gewissen Abständen fortsetzen bis zur ‚Quengelkasse', wo Kinder nur schwer an den Süßigkeiten vorbei zu lotsen sind.

Das sind keine Enthüllungen, es handelt sich um Gegebenheiten, die ziemlich allgemein bekannt sind. Sie werden zwar von den Managern der Kaufhäuser nicht an die große Glocke gehängt, aber auch nicht ängstlich verheimlicht. Sie können darauf vertrauen, dass das Publikum darauf fliegt, Dinge in den Wagen zu füllen – sicher nicht ganz unabhängig von der Einschätzung des Nutzens, des Gebrauchswerts, aber nicht nur strikt daran gebunden. Auch die erstaunliche Ausmaße annehmenden Großeinkäufe vor Festterminen erklären sich nicht nur aus dem Bedarf und aus der Intention, ein reiches Angebot aufzufahren, sondern sind gleichzeitig Folgen eines Kaufrauschs, der vernünftiges Abwägen nicht zulässt. In den USA liegen die umsatzstärksten Tage vor Thanksgiving, dem auch im häuslichen Kreis gefeierten Erntedankfest; die Tage danach sind durchaus von Ernüchterung und auch Katzenjammer bestimmt, und ausdrücklich wurde ein *Buy Nothing Day* ausgerufen, der offenbar eine größere Anhängerschaft hat als der in Deutschland propagierte *Kauf-nix-Tag*, für den es, vor allem in der Weihnachtszeit, aber auch gute Gründe gibt.

Die Wirkung solcher Tage darf man freilich nicht überschätzen. Es handelt sich um Alibi-Veranstaltungen; und auch bei vielen alternativen Aktionen und Angeboten drängt sich die Frage auf, ob sie wirklich eine Umkehr einleiten oder ob sie sich dem kompensativen Anschein zum Trotz nicht in die vorherrschende Tendenz fügen. Die nicht verebbende Diskussion um das Markenzeichen *Bio* oder um *faire* Produkte verweist auf die Grenzen der Bemühung um Nachhaltigkeit. Abgesehen davon, dass dabei umweltschädliche weite Transportwege keineswegs immer ausgeschlossen sind, werden ja auch Bioprodukte heftig beworben und als Teil eines immer noch wachsenden Marktes verstanden. Mit anderen Worten: Sie bremsen die Kauflust nicht, sondern heizen sie auf ihre Weise an. Eine tatsächliche Wende wäre es, wenn *die Grenzen des Wachstums* ernster genommen würden. Dem steht nicht nur die Struktur der Wirtschaft entgegen, sondern auch das gängige Konsumverhalten, bei dem die Kauflust eine wichtige Rolle spielt.

Der manchmal hemmungslose Konsumismus orientiert sich oft gar nicht primär am Konsum, also an der Perspektive künftigen Gebrauchs, sondern leitet sich aus der infantilen Gier des Haben-wollens her. Das Kaufverhalten nimmt manchmal Züge der Sucht an; der im Kauf ausgelöste Kick, also das schnelle positive Gefühl drängt auf Wiederholung. Aber auch diesseits pathologischer Formen zielt der Kauf nicht nur auf die Nutzung, sondern auch auf den Kauf selbst, also auf das punktuelle Ergebnis der Aneignung, die an der Kasse ihr legitimes Ende findet – an der Kasse, wo manchmal schon die ersten Zweifel hochkommen, ob der Kauf richtig war. Die Kauflust entsteht nicht nur aus der Zukunftsperspektive der Hoffnung, also aus dem Gedanken an die künftige Verwendung, sondern auch aus dem Vollzug des Kaufs.

# Kleiderwahl

Der Kauf von Kleidung wurde im vorausgehenden Abschnitt schon gestreift; aber es gibt gute Gründe, darauf einen genaueren Blick zu werfen. Unter den Dingen, die zum Verkauf angeboten werden, nimmt Kleidung eine mittlere Position ein: Sie ist teurer als die meisten Verbrauchsgüter, aber billiger als viele Einrichtungsgegenstände; sie ist für einen längeren Zeitraum gedacht, wird aber doch von Zeit zu Zeit erneuert. Es handelt sich deshalb um einen ziemlich regelmäßigen Kauf, der aber mehr Aufmerksamkeit fordert als der rasche Erwerb des täglichen Bedarfs. Die Einrichtung und das Verhalten in Bekleidungsgeschäften bestätigen dies. Ein Teil der Ware wird rasch von den ausgelegten Stapeln genommen, und auch von manchen dicht behängten Schienen führt der Weg schnell zur Kasse. Es handelt sich nicht immer um einen Spontankauf, aber jedenfalls wird nicht lange umständlich überlegt, sondern es wird rasch ein Ergebnis realisiert. Aber dann sind da die gewichtigeren Angebote, bei denen die Käuferinnen und Käufer das Ergebnis sorgfältig, erwartungsvoll und nicht selten auch etwas ängstlich vorbereiten. In Komödien und heiteren Filmen verbringt die Kundschaft lange Phasen in und zwischen den Umkleidekabinen; das ist kein erfundener Filmgag, sondern eine Karikatur und manchmal eine Abbildung der Wirklichkeit: Frauen und auch Männer brauchen oft reichlich lange, bis sie sich für ein Modell entscheiden – oder zur eigenen Enttäuschung und der des Verkaufspersonals ohne Ergebnis abziehen.

Dies hängt mit der Besonderheit des Kleiderkaufs zusammen. Während viele andere Dinge, die wir einkaufen, im Interieur verbleiben, ist ein großer Teil der Kleidung auch nach außen gerichtet, sichtbar für Andere und deren Beurteilung preisgegeben. Deshalb wählt man Bekleidung auch oft in Begleitung aus; und selbst wo es sich um eine einsame Entscheidung handelt, blickt man gewissermaßen auch mit den Augen der Andern in den Spiegel. Natürlich überprüft man, was einem selbst gefällt oder missfällt; aber dabei bewegt man sich in einem komplizierten Geflecht von Normen und Abhängigkeiten. Hier kommt eine Großmacht ins Spiel, die auch in anderen Konsumregionen eine Rolle spielt, die aber nicht zufällig vor allem und manchmal ausschließlich mit Fragen der Kleidung verbunden wird: die Mode.

Der Begriff der Mode ist nicht einheitlich. Illustrierte Modegeschichten gehen oft weit ins Mittelalter zurück und präsentieren die Formen der Kleidung, die vor allem in den obersten Gesellschaftsschichten verbindlich waren. Dabei handelt es sich weithin um einen einheitlichen Stil, der gegenüber den weniger Begüterten abgesichert war, einerseits durch die Verwendung kostbarer Stoffe, andererseits auch durch Kleiderordnungen, die genau vorschrieben, was in den verschiedenen sozialen Etagen erlaubt und was verboten war. Solche Vorschriften waren notwendig, weil im Kleidungsverhalten immer auch eine gewisse Dynamik lag; bezeichnenderweise wurde das aus Frankreich importierte Wort Mode in Deutschland zuerst kritisch auf diejenigen bezogen, die vom gebräuchlichen Stil abwichen und modische Verrücktheiten übernahmen. Die Ausbreitung eines gewissen Wohlstands im Bürgertum führte aber dann dazu, dass Mode vor allem als vereinheitlichende Kraft gesehen wurde, nach der man sich zu richten hatte, die aber immer nur für eine begrenzte Zeit die Stilformen prägte. Und schließlich – damit befinden wir uns aber schon im 19. Jahrhundert – bildete sich die Modeschöpfung als eigene Profession heraus, und es kam zu rasch aufeinander folgenden und auch zu gleichzeitigen, konkurrierenden Moden.

Spätestens in dieser Phase begründete die Mode ein Wechselspiel von sozialer Unterwerfung und individuellem Triumph. Die Mode bot einen Rahmen, aus dem man sich möglichst nicht entfernen sollte – es sei „besser ein Narr in der Mode als außer der Mode zu sein", schrieb schon Immanuel Kant. Aber die Mode gewährte auch Spielraum, nicht immer für närrische Entwicklungen, aber doch für Abweichungen und individuelle Stilisierungen. Ein englischer Psychologe sah das Paradox der Mode darin, dass jeder und jede versuche, „at the same time to be like, and to be unlike". Georg Simmel hatte dies schon vor einem Jahrhundert in die Bemerkung gefasst, die Mode biete „wegen ihrer eigentümlichen inneren Struktur ein Sich-abheben, das immer als angemessen empfunden wird". Dieses Ausbalancieren von festem Rahmen und freiem Spielraum macht die Entscheidung beim Kleiderkauf schwierig. Ich bin kein Mensch ohne Eigenschaften – ich bin ein Mann, gehöre durch meinen Beruf in ein bestimmtes soziales Milieu, ich weiß, dass ich nicht mehr der Jüngste bin, ich habe Familie, und all das weist in bestimmte Richtungen der Anpassung und grenzt die Möglichkeiten ein; aber ich habe eigene Vorstellungen von Ordentlichkeit und Extravaganz, wobei meine ganz persönlichen ästhetischen Vorlieben immer geprägt oder durchkreuzt werden von sozialen Rücksichten, auch wenn ich mir darüber keine Rechenschaft gebe. Der Kauf eines Kleidungsstücks ist sicher nicht so riskant wie der Kauf einer Couchgarnitur; aber oft handelt es sich doch um eine recht verantwortungsvolle Entscheidung, die dem Ergebnis ein besonderes Gewicht gibt, selbst wenn es nicht unbedingt auf Dauer gestellt ist – es gibt schließlich nicht nur ungelesene Bücher, sondern auch ungetragene Kleider.

In den letzten Jahrzehnten haben sich die Art und die Reichweite der Mode noch einmal deutlich verändert. Es ist ein Bereich, in dem man mit der sonst nicht immer einleuchtenden Trennung von Moderne und Postmoderne argumentieren kann; Barbara Vinken hat dies überzeugend vorgeführt. Mode, die für die vormoderne Zeit den vereinheitlichten Stil bezeichnet, entwickelt sich in der Moderne zu einem Feld mit konkurrierenden und sich rascher verändernden Normen und mit komplexen wirtschaftlichen Institutionen, in denen sowohl kreative Impulse wie regulative Standardisierungen zur Geltung kommen – schon die Festlegung konstanter Kleidergrößen war eine solche Regulierung. Seit den 1970er Jahren wird auch in der Mode die postmoderne Parole *Anything goes* getestet. Die Vielfalt ist größer geworden; an die Stelle von *fashion*, der für eine längere Spanne verbindlichen Mode, sind teilweise *fads* getreten, kurzfristige und weniger verbindliche Spielereien. Zwar setzt sich auch die ‚klassische' Mode fort und stabilisiert sich von Zeit zu Zeit; so hat lockere Bürokleidung nicht nur in den Banken wieder einer strengeren Aufmachung Platz gemacht, und der „Muff aus tausend Jahren", der mit den Talaren aus den Hochschulen verbannt wurde, kommt auf dem Umweg über Amerika zurück und wird bei den Abschlussfeiern manchmal von den Studierenden ohne Murren hochgehalten. Aber die Agenturen der Mode bekennen sich zu fast jeder Art denkbarer Abweichung; die gefeierten Modetrends der letzten Jahrzehnte sind nicht nur Modifikationen vorausgegangener Trends, sondern unterliegen einem radikaleren Wandel. Es sind oft modisch gewordene Gegenmoden. Das gilt für die partielle Aufhebung klarer Geschlechtertrennung in der Kleidung, die allerdings den gravierenden Unterschied zwischen der zur Monotonie neigenden Männermode und der farbigeren Frauenmode nicht wirklich beseitigt hat. Es gilt für die Verwendung von Flohmarktutensilien und Schrottstoffen, wie sie zuerst von den Punks propagiert wurde, dann aber ganz allgemein den modischen Umgang jüngerer Personen belebte. Auch an die demonstrative Hässlichkeit ist zu denken, die in avantgardistische Mode oft eingebaut ist. Die Retromode, der Simon Reynolds eine eigene Untersuchung gewidmet hat, zitiert weniger vergangene Schönheit als spröde Vergänglichkeit. Sie orientiert sich ja nicht nur an sehr alten Formen der Kleidung, sondern hat auch die Aufmachung der jüngeren Gegenkulturen als Arsenal entdeckt. Der Slogan „Was die Großmutter trug" wird zwar nach wie vor auf die gediegen-beständige Kleidung von einst bezogen, aber er verfehlt inzwischen eigentlich auch die Punkszene nicht mehr.

Die extremeren Formen des Modeangebots sind nur von einem Teil der Konsumenten aufgenommen worden, haben aber insgesamt die Verbindlichkeit modischer Normen relativiert. Zwar werden Neuerungen immer noch massiv propagiert, weil der Absatz nur so für die Hersteller und die Verbreitungsagenturen kalkulierbar bleibt; und tatsächlich werden zum Beispiel Farbdominanten in jeder Modesaison in erstaunlicher Dichte durchgesetzt – die Lieblingsfarben der vergangenen Saison sind oft nirgends mehr zu finden. Doch neben die Werbung für ganz bestimmte Modetrends ist die Verkündung der Beliebigkeit getreten, die den Kunden scheinbar freie Hand lässt. Tatsächlich ist aber die Kaufentscheidung kaum einmal beliebig; sie basiert immer noch auf einer komplexen Motivation, in der gegensätzliche Wünsche, Ängste und Rücksichten koordiniert sein müssen. Das komplexe Spiel zwischen individueller Profilierung und sozialer Anpassung begleitet die angebliche Beliebigkeit; was durch Abweichung von verbreiteten Normen die persönliche Eigenart betont wie beispielsweise Jeans mit deutlich sichtbaren Schadstellen, ist fast immer bereits eine Gruppenmode.

Die Verbindlichkeit solcher sozial bestimmter und begrenzter Moden darf nicht unterschätzt werden; das beweist schon der Sachverhalt, dass dabei kei-

neswegs immer Kleidung angesteuert wird, die man problemlos als bequem einstufen kann. Martin Walser schilderte in seinem Roman „Das Schwanenhaus"
ironisch die Vorbereitung einer Familie für einen Sonntagsspaziergang – eine der
Töchter liegt auf dem Boden und zerrt vergeblich an ihrer hautengen Jeanshose,
bis diese von einem anderen Familienmitglied hochgezogen und mit einer Flach-
zange geschlossen wird. Die paradoxe Pointe solcher Kleiderwahl liegt darin,
dass das eingezwängte junge Mädchen die Hose als bequem empfunden haben
dürfte, weil sie einer verbreiteten Gruppennorm entsprach.

Das Ausbalancieren eigenwilliger Wünsche und vorgegebener Normen macht
die Kaufentscheidung zu einem gewichtigen Ergebnis – aber gegen die Erfahrungen und Gefühle im Gebrauch behauptet sich dieses Gewicht danach oft nicht,
sodass trotz und wegen der scheinbaren Beliebigkeit ein schneller Wechsel pro-
grammiert ist. Der führt zu vollen, oft übervollen Kleiderschränken. Die Meldungen über abstruse Ansammlungen von Kleidern und Schuhen durch Prominente
demonstrieren überflüssigen Überfluss – Leserinnen und Leser distanzieren sich
leicht davon und vergessen, dass vielfach auch bei ihnen etwas moderatere Formen der Übertreibung und Überfüllung aufgespürt werden könnten. Sie kommen
zustande durch die Verlockungen des Kaufs, also durch die rasche und wenig
kontrollierte Herstellung eines Ergebnisses, aber sie sind natürlich auch abhängig vom Wunsch variabler Selbstdarstellung.

Wenn von Kleiderwahl die Rede ist, ist neben dem gelegentlichen Akt des
Kaufs ja auch die tägliche Prozedur der Entscheidung darüber zu bedenken, was
man anzieht. Gewiss gibt es dabei entlastende Momente wie die Gewohnheit,
die unterstützt wird durch gleichbleibende Erwartungen für den bevorstehenden
Tag; und schon die zeitlichen Anforderungen durch den Arbeitsbeginn sorgen
dafür, dass man sich im Allgemeinen nicht in umständliche Reflexionen zum Für
und Wider einzelner Kleidungsstücke verliert. Aber es handelt sich kaum einmal
ausschließlich um Routine; vielmehr gehen fast jeder derartigen Auswahl Überlegungen voraus – sie müssen ja nicht sehr zeitraubend sein, laufen aber manchmal schon auch darauf hinaus, dass man in wechselnder Aufmachung vor dem
Spiegel posiert, ehe man sich für eine Lösung entscheidet.

Dabei spielen auch praktische Gesichtspunkte eine Rolle, etwa die Pläne für
die kommenden Tätigkeiten oder auch einfach die Wetterlage. Aber die Kleidung
muss nicht nur praktischen Anforderungen genügen. Die Kleidung ist der zentrale Bereich für die alltägliche ästhetische Profilierung, und ohne dass dies in
Gedanken immer ausformuliert wird, mischen sich doch Fragen ein wie die, wer
die Profilierung zu Gesicht bekommen und womöglich kritisch beurteilen wird,
wie auffällig sie sein darf und wie sehr Auffälligkeiten im Blick auf die bevorstehenden Begegnungen und Aktivitäten vermieden werden müssen – allgemeiner
gesprochen und noch einmal mit den Simmelschen Worten: wie sehr ich mich
abheben darf und wie stark ich mich anpassen muss. Gefühlsmäßig werden
diese Überlegungen heruntergespielt; die eingehende Vorbereitung der Garde-

robe wird meist nur bei besonderen Anlässen wie feierlichen Veranstaltungen registriert. Tatsächlich aber ist die tägliche Kleiderwahl ein gutes Beispiel dafür, dass auch dem schnellen Ergebnis, dem bloßen Abhaken kurze Überlegungen vorausgehen können, die in diesem Fall Zumutungen, Erwartungen und Wünsche aus unterschiedlichen Bereichen ausbalancieren müssen.

Man hat die Funktionen der Kleidung in den drei Kategorien Schutz, Scham und Schmuck zusammengefasst. In der kulturhistorischen Forschung wurden die Akzente verschieden gesetzt. In der Zivilisationsgeschichte von Norbert Elias spielt die Herausbildung und allmähliche Verstärkung der Scham eine zentrale Rolle – eine Entwicklungslinie, die zur geläufigen europäischen Vorstellung der Perfektionierung passte. Der Ethnologe Hans Peter Duerr fand dagegen Beispiele ausgeprägter Scham nicht nur bei den vermeintlichen *Natur*-Völkern, sondern auch in den frühen Phasen der abendländischen Geschichte. Die freizügigen Darstellungen mittelalterlichen Badewesens, für Elias ein zentrales Beweisstück für schamfreien Umgang mit Nacktheit und Sexualität, verwies Duerr in den Negativbereich des Bordells oder erkannte darin statt realistischer Abbildungen symbolische Botschaften. Und auch für den ersten Ursprung von Bekleidungsstücken gibt es unterschiedlich akzentuierte Theorien. Während die meisten Kostümgeschichten die rekonstruierte einfache ‚Urtracht' aus Naturstoffen vor allem als Schutz verstehen, sah schon der schottische Schriftsteller Thomas Carlyle den Willen zur Dekoration als ersten Antrieb zur Veränderung und Erweiterung des menschlichen Hautkleids.

Sicher ist, dass die verschiedenen Funktionen nicht zu allen Zeiten die gleiche Rolle spielten. Der Akzent verschiebt sich auch durch die jeweiligen äußeren Bedingungen. Die Justierung, zumindest die Feinjustierung wird dabei aber von den Einzelnen tagtäglich bei der Kleiderwahl vorgenommen – praktische, ästhetisch-moralische und dekorative Absichten müssen aufeinander abgestimmt werden. Auch darin liegt inneres Konfliktpotenzial. Je näher wir den Motiven für die Auswahl kommen, umso deutlicher wird, dass sich in der Entscheidung viele Aufgaben und Probleme lösen, die zwar für sich betrachtet meist nicht gewichtig sind, die aber doch dem Ergebnis ein gewisses Gewicht geben. Aber in der Regel wird dieses Gewicht im späteren Verlauf nicht mehr eingeholt; es ist die Ausnahme, wenn uns bei unseren alltäglichen Verrichtungen Gedanken über unsere Kleidung bedrängen.

# Kontostand

Zu Beginn des Ersten Weltkriegs glaubte die Mehrheit der Bevölkerung in Deutschland, glaubten vor allem auch die Machthaber an einen schnellen militärischen Sieg. Es gab deshalb zunächst keine besonderen Maßnahmen zur Regulierung und Rationierung des Nahrungsangebots, obwohl die alliierte Blockade die Lebensmittelimporte sofort beeinträchtigte. In den ersten Wochen des Kriegs blieb das Angebot reichlich, war das Konsumverhalten kaum verändert. Aber bald wurde deutlich, dass ein langer Stellungskrieg drohte. Im vierten Kriegsmonat, dem November 1914, setzten Appelle zur Einschränkung des Verbrauchs ein; im Frühjahr 1915 wurden Lebensmittelkarten ausgegeben und bald auch andere Verbrauchsgüter rationiert. In dieser Phase, Ende März 1915, veröffentlichte Georg Simmel einen Zeitungsartikel mit dem Titel *„Geld und Nahrung"*, in dem er praktische Ratschläge gab, die vermutlich für einen Teil der Leser recht befremdlich klangen, aber rational begründet waren. Er kritisierte nämlich die Reichen, die sich bemühten, einfacher als vorher zu leben: „Leute, die an Hummersalat, junge Karotten und Rebhühner gewöhnt waren, aßen auf einmal grüne Heringe, alte Mohrrüben und Lungenhaschee und waren überzeugt, dem Vaterland umso mehr damit zu leisten, je schlechter es ihnen schmeckte. Genau das Umgekehrte ist das Richtige." Die Wohlhabenden sollten nach Simmels Auffassung möglichst viel Geld in Umlauf bringen, und sie sollten darauf bedacht sein, dass den Ärmeren genügend einfache Nahrungsmittel zur Verfügung stehen.

Das ist die eigentliche Pointe des kleinen Essays, unterstützt mit Hinweisen auf drohende Preissteigerungen für Lebensmittel und darauf, dass diese von den Armen am schwersten verkraftet werden können. Aber gleichzeitig stellt Simmel die Situation in einen weit ausgreifenden historischen Zusammenhang, der in seinem großen Werk *„Philosophie des Geldes"* vorgezeichnet war. Mit dem Ende der Naturalwirtschaft gewann das Geld „eine Wichtigkeit, die allmählich die unmittelbare Wirkung der Dinge verschlang" – zum vorgelagerten Kriterium der Orientierung und zum Maßstab der Bewertung von Dingen wurde ihr Preis. Dieser Prozess, schreibt Simmel in dem Zeitungsaufsatz, sei „so weit fortgeschritten, dass für unzählige Menschen der Gegenwart der Geldbesitz das eigentliche und letzte Strebensziel ist, über das sie gar nicht hinausfragen". Die zeitweilige Konzentration auf die Naturalien selbst bedeutet deshalb für Simmel das „Rückgängigmachen einer Entwicklung von Jahrhunderten".

Es war aber – glücklicherweise, wird man mit dem Blick auf die Begleitumstände sagen – zwar kein einmaliges, aber auch kein dauerndes und kein flächendeckendes Rückgängigmachen. Das Geld ist schnell wieder in seine Funktion als beherrschendes Leitmedium eingerückt. Simmel hat diese Funktion in seiner *„Philosophie des Geldes"* genau analysiert. Pointierend spricht er von einer Vergötterung des Geldes, einer neuen Religion: Die Banken seien größer als die Kirchen – ein Befund, der sich in den knapp über hundert Jahren seit dem Erscheinen von Simmels Studie noch verfestigt hat. Simmel schildert die Entwicklung nicht als Bußprediger, sondern als nüchterner Beobachter, aber doch nicht ohne kritische Untertöne; und er sympathisiert mit asketischen – in heutiger Terminologie: alternativen – Lebensformen, für die er als Beispiel den griechischen Kyniker Diogenes und den mittelalterlichen Ordensstifter Franz von Assisi anführt.

Aber er sieht auch die positiven Seiten der Geldwirtschaft. Das betrifft zunächst die praktischen Möglichkeiten. Geld ist ein neutrales – Simmel sagt auch: „charakterloses" – Zahlungsmittel, mit dem der Austausch von Waren und Dienstleistungen vereinfacht wurde. Der direkte Tausch funktioniert ja nur, wo die Bedürfnisse nicht zu weit auseinander laufen und die Tauschgegenstände relativ überschaubar sind. Mit dem Geld entsteht dagegen ein Maßstab, der prinzipiell bei jeder Art des Besitzwechsels von Gegenständen oder der Beanspruchung von Dienstleistungen anzuwenden ist. Und Geld übersteigt dabei die Möglichkeit des unmittelbaren Tauschs auch insofern, als es aufbewahrt, also für künftige Kaufvorgänge gespeichert werden kann. Es unterliegt einem einheitlichen Wertmaßstab, der im Prinzip als fest gilt, obwohl er sich in Krisen in unglaublich kurzer Zeit horrend verändern kann. Auch die weiterreichenden sozialen Folgen der Geldwirtschaft werden von Simmel erörtert. Er schreibt ihr eine Demokratisierungstendenz zu, da traditionale Herrschaftsstrukturen durch sie überwunden werden; dabei wird das demokratische Gefüge allerdings mit Elementen der Geldherrschaft durchsetzt.

Dies hängt vor allem mit der zunehmenden Abstraktion des Geldwesens zusammen, die ihren ersten starken Schub mit der Einführung des Papiergelds erfuhr. Man hat diese Entwicklung verschiedentlich anhand von Goethes „Faust" erklärt; tatsächlich lässt Goethe im zweiten Teil seines großen Dramas Mephisto die Empfehlung aussprechen, Geld zu drucken, um die Staatsfinanzen zu retten. In englischen und amerikanischen Banken hatte man mit dieser Praxis schon in der ersten Hälfte des 18. Jahrhunderts begonnen, wobei als Wertgarantie und Deckung für die Papiere Goldvorkommen galten, die zum Teil nur vermutet wurden, die jedenfalls noch nicht erschlossen waren. Auch in Mephistos Kalkulation ist der Gegenwert, die Deckung imaginär: Sie besteht in Bodenschätzen, die durch vereinzelte Funde wahrscheinlich gemacht, aber keineswegs garantiert waren. Der Geldwert beruht damit auf Versprechungen, die unbegründet sein können, auf Vertrauen, das enttäuscht werden kann. Die Möglichkeiten der Spekulation und die Gefahren großer Krisen sind hier bereits gegenwärtig.

Das sind grundlegende Zusammenhänge, aber sie bringen uns dem Thema Ergebnisorientierung näher. Der Umgang mit Geld impliziert grundsätzlich, dass Ergebnisse kontinuierlich verfolgt und registriert werden; man muss kontrollieren, über welche Geldmittel man verfügt. Die Bedeutung dieser Kontrolle unterscheidet sich je nach dem anvisierten Ziel. Hans Christoph Binswanger, der in seinem

Buch „*Geld und Magie*" die einschlägigen Szenen in „*Faust II*" ausführlich interpretiert, geht von einem Schema aus, das schon bei Aristoteles anklingt. Danach gibt es zwei Arten der Geldverwendung: *Versorgungswirtschaft* und *Erwerbswirtschaft*. Die beiden Begriffe bezeichnen eine gewisse historische Abfolge, da die aktuelle Versorgung im Verlauf der Entwicklung einen immer kleineren Teil der vorhandenen Mittel beanspruchte. Aber es handelt sich nicht um eine totale Ablösung; die Modalität der Versorgung ist nicht verschwunden; Dinge, die lebensnotwendig sind, müssen laufend bereitgestellt werden. Außerdem lassen sich Versorgungswirtschaft und Erwerbswirtschaft nicht strikt voneinander trennen: Arme Menschen müssen oft auch für elementare Versorgungsgüter den Erwerb planen, und für Reiche rücken manchmal auch Luxusgüter in den Bereich unmittelbarer Versorgung. Trotzdem ist der tendenzielle Unterschied wichtig. Im Bereich der Versorgungswirtschaft muss an der Höhe des Geldbesitzes geprüft werden, was gekauft werden kann; das Ergebnis Geldbesitz und das Ergebnis Kauf rücken dabei eng zusammen. Mit steigendem Wohlstand nimmt die Erwerbswirtschaft einen immer größeren Raum ein; ein beträchtlicher Teil der Käufe wird im Voraus und oft über lange Zeitstrecken geplant. Dies bedeutet, dass das Ergebnis verfügbarer Geldmengen – anders gesagt: der Kontostand – in Beziehung gesetzt wird zu Besitzwünschen und Kaufabsichten.

Aber die Verfügungsmenge an Geld *muss* nicht in Beziehung gesetzt werden zu konkreten Einkaufsplänen. Die vielseitige, man kann fast sagen: allseitige Anwendungsmöglichkeit von Geld führt nicht selten zur Unentschiedenheit über die Anwendung und mündet in ein Verhältnis, das die Verwendung zwar nicht technisch, aber faktisch ausschließt: Der Geldbesitz wird vom Mittel zum Zweck. Es versteht sich, dass es sich dabei um ein Wohlstandsphänomen handelt, das mit starker wirtschaftlicher Expansion zusammenhängt. Im 19. Jahrhundert wurde es immer wieder kritisch registriert, in der Analyse ökonomischer Zusammenhänge wie bei Marx, aber auch mit dem Blick auf die veränderten Einstellungen der Menschen. In der sogenannten Gründerzeit nach der Ausrufung des Deutschen Kaiserreichs, in der windige Unternehmen aus dem Boden schossen, schrieb der Philosoph Friedrich Theodor Vischer seinen Roman „*Auch Einer*". Einen Teil des Romans verlagerte er in die Frühgeschichte; mit einem ironischen Seitenblick auf die Vorzeitbegeisterung schildert er das Leben in einem Dorf von Pfahlbauten. Bei einem Fest in dieser Siedlung lässt er einen Redner auftreten, der einen Blick in die Zukunft wirft und sich die Nachkommen vorstellt: „Überklug werden sie sein, diese späten Enkel, hastig, unruhig, fahrig, immer eilig, immer gedrängt. (…) So ein Mensch wird nichts mehr geruhig betrachten, bei nichts mehr mit stillem Sinnen verweilen! Sein Leben wird ein Jagen sein! Er wird raffen und raffen, um zu genießen! Was für Köche, was für Zuckerbäcker wird's dann geben! Und es wird den Menschen dann erst nichts recht schmecken, weil sie ja doch immer aufs Folgende spannen. Sie werden endlich nicht mehr raffen, um zu genießen, sondern um zu raffen!"

Raffen, um zu raffen: Das Geld ist zum Selbstzweck geworden. Im 20. Jahrhundert ist eine Figur amerikanischer Herkunft zum Repräsentanten dieser Einstellung zum Geld geworden; man begegnet ihr im Entenhausen der Comic-Welt Disneyscher Prägung. Es ist natürlich nicht Donald Duck, der ja als geborener Pechvogel immer wieder Geld verliert und von finanziellen Sorgen geplagt wird, sondern sein Onkel Dagobert Duck, der im Geld badet – und zwar nicht nur im übertragenen Sinne. Er genießt das Ergebnis der Geldanhäufung und führt sie sich und anderen vor, ohne dass er sich große Ausgaben erlaubt. Er versagt sich vielmehr den Erwerb und ist ausgesprochen geizig. Der Onkel Duck trägt im Original nicht den Vornamen Dagobert, sondern *Scrooge*, benannt nach der Hauptfigur von Charles Dickens' Weihnachtsgeschichte „*A Christmas Carol*". Dieser Scrooge ist ein Ausbund an Geiz; und genau wie er sucht auch Dagobert Duck Ausgaben tunlichst zu vermeiden – er lebt von trockenem Brot und Wasser, trägt alte Kleider und lässt sich, wann immer es geht, von Anderen einladen. Mit diesem Verhalten zeigt Dagobert Duck, dass er sein Vermögen nicht als Instrument zur Verbesserung eigenen oder fremden Lebensstandards versteht, sondern als Schatz, der seinen Wert in sich trägt und der im Prinzip nicht angegriffen werden darf. Der Geldbesitz ist kein Mittel auf dem Weg zu realisierbaren Ergebnissen, sondern er wird selbst als Ergebnis wahrgenommen.

Die Kombination von Reichtum und Geiz ist keine rein literarische Erfindung; in biographischen Darstellungen über Reiche gibt es immer wieder anekdotische Hinweise darauf. Max Frisch berichtet beispielsweise in „*Montauk*" über einen „Fall von Geiz", den er in Amerika erlebt hat: Ein steinreicher Kunsthändler zeigt ihm, welche Münze man im Bus in den Automat werfen muss; Frisch bedankt sich, aber der Reiche will das Münzgeld zurück, *one dime*, zehn Cent. Max Frisch erzählt dies, um sich selbst davon abzusetzen. Er spricht ohne Scheu über seine eigenen Vermögensverhältnisse. Er wendet ihnen meistens keine besondere Aufmerksamkeit zu, sodass er sich nach einem langen Italienaufenthalt bei verschiedenen Banken in Zürich erkundigen muss, ob bei ihnen ein Konto von ihm geführt wird. Er kann sich das allerdings auch leisten – er ist erstaunt über die Höhe seiner Einkünfte: „Es bildet sich Vermögen; die Summe hat etwas Beliebiges; das hat nichts mehr mit Lohn zu tun oder mit Gehalt, eher mit Lotterie." Max Frisch zieht aus diesem für ihn glücklichen Lotteriespiel die Konsequenz, seine materiellen Ansprüche zu steigern – größere Wohnung, bessere technische Ausstattung, aber auch bereitwillige Unterstützung von Freunden.

Man wird diese Einstellung nicht unbedingt als Ausnahme bezeichnen dürfen; jedenfalls wachsen im Allgemeinen mit dem Einkommen nicht nur die Möglichkeiten, sondern auch die Ansprüche. Bei den beliebten Anekdoten rund um die bescheidene Lebensweise von reichen Unternehmern und Managern handelt es sich in manchen Fällen um Legenden – man hört und liest, dass so ein Mensch mit dem Fahrrad ins Büro fährt und mittags nur eine Brezel isst, doch irgendwann bekommt man dann mit, dass er sich eine millionenschwere Jacht

hat bauen lassen. Aber abgesehen davon, dass sich dieses Modell bei beson-
ders extremem Vermögensstand erschöpft (auch ein Milliardär wird nicht über
Dutzende von Jachten verfügen wollen) – es gibt durchaus die Ansammlung von
Geld bei Vernachlässigung, ja fast völliger Ausblendung der damit verbundenen
Erwerbsmöglichkeiten. Das ist die Haltung, die Dagobert Duck verkörpert.

Die Tatsache, dass das Geld bei seinem Bad sichtbar bleibt und dass er es
in einem riesigen Speicher aufbewahrt, aber auch sein Engagement in der Roh-
stoffgewinnung und der Industrie entfernten Dagobert Duck allerdings von der
jüngsten Entwicklung. Geld ist zunehmend unsichtbar geworden; es wird nicht
mehr ‚angehäuft', sondern durch bloße Zahlen repräsentiert und durch papie-
rene oder elektronische Vermerke garantiert; und große Vermögen werden ja
nicht mehr nur, vermutlich nicht einmal mehr in erster Linie auf der Grundlage
von Produktion und Handel mit Gütern gewonnen, sondern durch rein finanzielle
Transaktionen. Dies scheint auf den ersten Blick ein Befund, der nur für den Bereich der Hochfinanz zutrifft, in dem die große Mehrheit der Bevölkerung nichts
verloren hat. Das ist aber nur bedingt richtig.

Die Umwandlung des Gelds von greifbaren Münzen und Scheinen in eine abstrakte, bei Bedarf abzurufende Größe berührt nicht nur einen kleinen Teil der
Bevölkerung. Es gibt zwar immer noch Reserven gegenüber der bargeldlosen Abwicklung aller Geldgeschäfte; im Vergleich mit den USA und auch mit einigen
anderen Ländern ist ihr Anteil hier sehr viel geringer. Aber in vielen Bereichen
ist die bargeldlose Bezahlung üblich oder gar verpflichtend geworden. Diskutiert
wird dies vor allem mit dem Blick auf Jugendliche, die dadurch leicht in finanzielle Schieflagen kommen; aber der Umgang mit Geld hat sich generell verändert.
Beobachtungen in sogenannten Outlet-Zentren sind in diesem Zusammenhang
aufschlussreich. Was man in kleinerem Ausmaß auch in Supermärkten registrieren kann, ist hier das beherrschende Bild: Fast alle Kunden verlassen den
Ort mit mehr Waren, als sie eingeplant hatten. Das ist einerseits eine Folge der
Verführung durch wirkliche oder vermeintliche Schnäppchenpreise, andererseits
aber auch eine Folge davon, dass das über Kreditkarten bewirkte Schwinden des
verfügbaren Guthabens weniger offenkundig ist als bei einer dünner werdenden
Geldbörse.

Das gilt aber nur für die kurze Phase der Aktivierung des unsichtbaren Vermögens; hier steht das durch den Kauf erreichte Ergebnis im Vordergrund. Im
Ganzen aber erlaubt und verlangt die Verlagerung der Information auf den abrufbaren Kontostand, dass dieser tatsächlich immer wieder abgerufen wird. Das ist
dann zum Teil eine Orientierung mit Rücksicht auf mögliche Kaufpläne, zum Teil
aber auch das Registrieren eines fertigen, wenn auch schnell wieder veränderba-
ren Ergebnisses – Geldvermögen ist nicht nur Reserve für künftige Kaufabsichten, sondern eine eigene Wertgröße.

Gewiss steht für die meisten Bürgerinnen und Bürger der Bezug des Geldes
zu Kaufmöglichkeiten im Vordergrund, sei es im Rahmen der alltäglichen Versor-

gung oder im Blick auf den Erwerb von Gegenständen, die den elementaren Bedarf übersteigen. Das unterscheidet sie von den Spekulanten, deren Gedanken nicht oder jedenfalls nicht überwiegend um den Kauf irgendwelcher Dinge kreisen, sondern um weitere Möglichkeiten der Spekulation. Aber der Unterschied ist nicht so eindeutig, wie es zunächst aussieht. Es gibt Übergänge und Annäherungen: Sobald die verfügbaren Einkünfte nennenswert über der Existenzsicherung liegen und vielseitige Optionen öffnen, meldet sich auch die übergreifende Option der Ansammlung von Geld – einerseits deshalb, weil das Abwägen zwischen verschiedenartigen Bedürfnissen oft nicht leicht zu einer Entscheidung führt, andererseits aber auch, weil sich der Geldbesitz selbst als erstrebenswert präsentiert. Man spart nicht immer ausdrücklich für etwas, sondern man spart – intransitiv gewissermaßen, ohne weiteres Ziel.

In jenem Aufsatz aus der Kriegszeit betont Simmel, dass die „Reduktion aller Werte auf den Generalnenner Geld (...) seit lange auch unsern Begriff des Sparens bestimmt". Er führt dazu aus: „Sparen schlechthin heißt für uns: mit Geld sparen; und wenn man mit Verbrauchsgegenständen sparsam umging, so war der selbstverständliche Sinn davon, dass man ihren Geldwert sparte; sie selbst waren gar nicht das eigentliche Objekt des Sparens, denn man konnte sie ja in jedem Augenblick wieder ersetzen, wenn man das nötige Geld hatte." Gespartes Geld wird hier also als Reserve und Reservoir für notwendig werdende künftige Käufe gesehen. Aber der Generalnenner Geld behauptet nicht nur für wenige Spekulanten, sondern auch für viele der ‚normalen' Sparer einen eigenen, vom Gefüge der konkreten Bedürfnisse weithin abgelösten Anspruch.

Die amtliche Statistik weist für die Bundesrepublik Deutschland private Spareinlagen von über 500 Milliarden Euro aus – eine gewaltige Summe, die übrigens den Blick auf die billionenschwere staatliche Verschuldung vielleicht etwas erträglicher macht. Nicht eingerechnet sind dabei die erheblichen Bausparsummen; im Gegensatz zu diesen sind die sonstigen Einlagen ohne Zweckbindung und im Prinzip frei verfügbar. In der angesparten Geldsumme steckt gewiss ein erheblicher Teil geplanter künftiger Ausgaben. Aber es ist beileibe nicht Alles verplant, und getätigte Ausgaben werden meist reichlich durch neue Spareinlagen ersetzt.

Für die einzelnen Haushalte wird eine durchschnittliche Sparleistung von etwa 200 Euro im Monat angegeben. Solche Durchschnittswerte bergen die Gefahr, dass die vorhandenen großen Unterschiede glattgebügelt werden. Diese Unterschiede betreffen einmal die kleine Spitzengruppe, deren Einkünfte neben extremen Ausgaben auch riesige Geldanlagen erlauben; zum andern ist an Haushalte zu denken, für die Ersparnisse am dringendsten wären, aber nicht zu verwirklichen sind. Gut die Hälfte der Bevölkerung hat jedoch die Möglichkeit, Rücklagen zu bilden. Das Wort Rücklagen verweist auf den späteren Konsum, und sicher bilden Spareinlagen vor allem auch einen wichtigen Beitrag zur Altersversorgung. Aber grundsätzlich gilt, dass nicht so leicht erreichbar ist, was auf der hohen Kante liegt – nicht wegen objektiver Zugangseinschränkungen, sondern aufgrund einer psychischen Sperre: Man will das Ergebnis nicht antasten oder vielmehr kontinuierlich verbessern. Und dieses Ergebnis ist in sehr vielen Fällen nicht die spätere Erwerbung irgendwelcher Luxusgüter; das Ergebnis ist der jeweilige Kontostand, der jederzeit abgerufen werden kann.

# Rennkost

*Was der Bauer nicht kennt, frisst er nicht.* Dieser Spruch dürfte als Rüge entstanden sein, und oft wird er auch so gebraucht: Die beweglicheren Glieder der Gesellschaft sehen herab auf diejenigen, die mehr oder weniger stur beim Alten bleiben. Aber der Tenor kann auch genau entgegengesetzt sein; oft fungiert die Bemerkung als Bekenntnis, als Hinweis auf die eigene Denkweise. Sie kann sich dabei auf eine konservative Grundhaltung oder auf einzelne Lebensgebiete beziehen – und natürlich auch auf die Einstellung zum Essen, die ja in der Redensart direkt angesprochen wird. Die Einstellung kann dabei durchaus rational motiviert sein: Die Skepsis gegen Neuerungen ist eine Vorsichtsmaßnahme; bei vertrauten Speisen weiß man, was man hat – bei unbekannten weiß man es nicht.

Das Festhalten am herkömmlichen Speiseplan ist aber auch eine tief verankerte Gewohnheit. Das Wort Gewohnheit erweckt den Eindruck, man könne leicht darüber weg gehen; in vielen Bereichen und Situationen ist die Gewohnheit aber eine Fessel, die sich nur schwer lösen lässt. Bei größeren Migrationsbewegungen, auch bei den jüngsten Zuwanderungen, lässt sich beobachten, dass sich die gewohnte Ernährung, wenn überhaupt, nur sehr langsam verändert. Das gilt vor allem, wenn die Nahrungsaufnahme großenteils ein nach außen abgeschirmter Vorgang ist, wenn die Leute also nicht ständig mit den anders gearteten Ess-Sitten der Einheimischen konfrontiert sind. Und gleichzeitig können die zusammen mit der Familie und Freunden eingenommenen traditionellen Mahlzeiten das Gefühl der Gemeinsamkeit stärken, das für Minderheiten eine wichtige Schutzfunktion hat.

Dazu kommt aber, dass die Geschmackserfahrungen, die ja in der Regel schon sehr früh gemacht werden, tief sitzen und nicht einfach weggespült werden können. In diesem Zusammenhang wird mit guten Gründen immer wieder auf eine von Marcel Proust geschilderte Szene verwiesen: Der Ich-Erzähler erlebt eine merkwürdige Empfindung an seinem Gaumen und erinnert sich plötzlich an die *Madelaine*, ein Anisgebäck, das ihm seine Tante immer zum Tee gereicht hatte – und über diese Gaumenempfindung erschließt sich ihm die ganze Erinnerung an seine Kindheit. Der Vorgang lässt sich leicht nachempfinden, etwa im Gedanken an das Weihnachtsgebäck der Mutter, das anders schmeckte als das später von der Partnerin angebotene (was man allerdings besser nicht betonen sollte).

Der Geschmackskonservatismus war Jahrhunderte lang der vorherrschende Zug im Ernährungsverhalten, das sich ja zwangsläufig auf die relativ wenigen verfügbaren Lebensmittel konzentrierte. Aber es gab auch Abweichungen. In den obersten und reichsten Gesellschaftsschichten entwickelte sich schon früh eine Kochkunst, die Anleihen bei fremden Esstraditionen machte und mit ungewohnten Variationen aufwartete. Auf alten Bildern sind oft festliche Mahlzeiten festgehalten, bei denen nicht nur die Fülle, sondern auch die Vielfalt der aufgefahrenen Speisen deutlich wird; solche Festgelage waren Ausdruck eines demonstrativen Luxus. Doch für die Mehrheit der Bevölkerung galten andere Voraussetzungen; wenn hier in Ausnahmefällen Luxus ermöglicht und angeboten wurde, dann in der Form des *Fressluxus*, wie ihn Werner Sombart despektierlich bezeichnete: kaum Entfernung von den gewohnten Speisen, sondern quantitative Steigerung. Dabei handelt es sich keineswegs nur um ein längst vergangenes Phänomen. Der wachsende Wohlstand in den Nachkriegsjahren zeigte sich zunächst nicht in der Verfeinerung der Speisefolgen, sondern in einem sich steigernden Ausmaß der Ernährung. Und noch immer gibt es gut besuchte Restaurants, die ihre Kundschaft mit der aus Amerika übernommenen Verheißung *All you can eat!* anlocken oder mit dem gar nicht so seltenen Hinweis *Riesenschnitzel* werben – wie passgenau er den Erwartungen entspricht, wurde mir klar, als die Mitglieder einer Reisegruppe nach einer Einkehr einmütig begeistert verkündeten, die Schnitzel seien „so groß wie ein Klo-Deckel".

In jüngster Zeit sind derartige Angebote und Empfehlungen allerdings seltener geworden. Man kann den Eindruck gewinnen, dass die ganze Bevölkerung – korrekter: dass die zwei Drittel der Bevölkerung, die über ausreichende Ressourcen verfügen, zumindest teilweise vom Fressluxus zum Essluxus übergegangen sind. Vor dem Hintergrund stabiler Ernährungtraditionen, in die Neuerungen nur allmählich Eingang fanden, erscheint das heutige Bild ungemein bunt und vielseitig. In der öffentlichen Gastronomie gibt es nicht nur Ausgriffe auf andere deutsche Regionen, sondern auch auf bisher weitgehend fremde, exotische Nahrungsangebote. Selbst in kleineren Städten ist es oft möglich, zwischen ausländischen Angeboten aus allen Kontinenten zu wählen – in spezialisierten Gaststätten oder auch in kleinen Ladengeschäften. Und in jedem größeren Supermarkt wird die Diversifikation überdeutlich.

Selbstverständlich hängt die enorme Vielfalt des Angebots mit der Erschließung fremder Märkte, mit der technischen Verbesserung der Konservierungsmöglichkeiten und des Transports zusammen. Aber Angebote müssen immer von der Seite der Nachfrage stabilisiert und befördert werden. Die Internationalisierung des Nahrungsangebots ist teilweise die Antwort auf die Internationalisierung des Publikums. Die nationale und ethnische Differenzierung der Immigration hat dazu geführt, dass größere und kleinere Zuwanderungsgruppen ihre spezifischen Bedürfnisse geltend machen und entsprechend bedient werden. Aber auch die einheimische Kundschaft trägt zu der Vielfalt bei. Bei manchen Nahrungsmitteln ist die ursprüngliche exotische Anmutung schnell verloren gegangen – Musterbeispiel sind die Spaghetti, die erst nach dem Krieg eingeführt wurden und ihren ersten Liebhabern (vielfach gehörten sie zu den ersten Italientouristen) beim Verzehr erhebliche Mühe machten, bei denen aber schon lange niemand mehr an die fremde Herkunft denkt. Bei vielen anderen Nahrungsmitteln ist der fremde Geschmack länger die Attraktion geblieben; aber auch sie werden all-mählich in die eigene Esskultur eingemeindet.

Indirekt beweist auch die Forderung und Förderung regionaler, einheimischer Produkte die Expansion des vorher Fremden. Es ist der bewusste Anstoß, zu dem früher unreflektierten und selbstverständlichen Ernährungsverhalten zurückzukehren. Entscheidendes Motiv ist dabei nicht die Treue zur Tradition, sondern die Besinnung auf die eigene Gesundheit und die Bemühung um einen vernünftigen Umgang mit natürlichen Ressourcen. Die Abkürzung *Lohas* für *Lifestyle of Health and Sustainability* gehört in manchen Reformgruppen zum gängigen Wortschatz, und die Slow-Food-Bewegung, zu der sich theoretisch sehr viele und praktisch immerhin viele Menschen bekennen, strebt im Ernährungsverhalten vor allem den Einklang mit der Natur an. Dabei spielen Einflüsse aus fremden Kulturen durchaus eine Rolle; aber am nachdrücklichsten wird auf die eigenen regionalen Möglichkeiten verwiesen. Carlo Petrini aus dem Piemont, der 1986 Slow Food ins Leben rief, hat seiner ausführlichen Programmschrift den Titel „*Terra madre*" gegeben – das meint nicht nur die mütterliche Erde in einem allgemeinen Sinn, sondern auch den heimischen Boden und seine Erträge.

Auf dem Gebiet des Essens und Trinkens kann heute, im Vergleich mit den früheren Prozeduren der Sättigung, nicht nur eine größere Auswahlmöglichkeit, sondern auch eine größere Sensibilisierung festgestellt werden. Aber das ist nur die eine Seite. Die andere ist der oft hektische Drang, auch in diesem Bereich möglichst viel und möglichst vielerlei mitzunehmen. Schon 1978 stellten Karin Kiwus und Katrin Grunwald die Annahme der Verfeinerung in Frage: „Unser heutiges Überangebot an Genussmöglichkeiten bei gleichzeitig verflachender Genussfähigkeit geht nun aber mit einer Gierbereitschaft einher, wie sie so outriert vermutlich weder bei den Gelagen römischer Aristokraten noch bei den Sauf- und Fressorgien von Bauern und Bürgern späterer Zeiten zu finden war." Über den Vergleich lässt sich streiten, und das Wort Gier erweckt zu sehr die Assoziation einer rücksichtslosen und gar brutalen Verwirklichung der Wünsche. Statt der Gier sollte besser die *Neugier* ins Spiel gebracht werden: Man sucht neue, ungewohnte Erfahrungen, sieht die Möglichkeit einer neuen Erlebnisqualität; aber auch auf diesem Feld kippt das Erlebnis leicht ins bloße Ergebnis – im ruhelosen Wechsel kann sich der tiefere Eindruck verflüchtigen, und man hakt gewissermaßen die Varianten ab, die das vielfältige Angebot bereit hält, die sich infolge der Zubereitung aber ja auch bei gleichen Speisen ergeben. Die Anstrengungen der Erlebnisgastronomie sind Gegenstrategien zur üblichen Flüchtigkeit; sie versuchen den Speisevorgang aus dem Bereich bloßen Konsums in den des Erlebens zurück zu holen, wobei sie aber ihr Vertrauen nur zum Teil in die Zubereitung des Essens setzen; vielmehr reichen die Inszenierungen von ästhetisch ausgefeiltem Dekor bis zu aufwändigen kulturellen Begleitprogrammen.

Zur Vielfalt des Angebots gehört auch die Aufteilung in verschiedene stofflich und stilistisch getrennte Sparten: Klassische Küche, regionale Küche, Fastfood und Slowfood, Bio und Vitalkost, vegetarisch und vegan. Die Schulen der guten und gesunden Ernährung haben alle ihre PR-Agenturen, ihre überzeugten Wortführer und einen Kreis von festen Anhängern. Bei vielen Menschen reicht das Bekenntnis aber nicht sehr tief; sie sind immer wieder auch zum Wechsel bereit. Das wird besonders deutlich bei den Bemühungen um Gewichtsabnahme, die sich ja keineswegs auf extrem Adipöse beschränken. Die Empfehlungen und Programme konzentrieren sich teilweise auf Bereiche jenseits der Nahrungsaufnahme, etwa auf mentale Beeinflussung oder, vor allem, auf Bewegung und Sport, teilweise aber auch auf unmittelbare Veränderungen in der Nahrungszufuhr. Umfassendere Reduktionsvorschläge stehen dabei neben Programmen, die sich auf einzelne Elemente richten – zum Beispiel Cholesterin – oder die Zusammenstellung der Mahlzeiten in den Mittelpunkt rücken – Stichwort Trennkost.

Im ganzen Ernährungsgefüge spielen die wortreich und lautstark beworbenen Abmagerungskuren, spielt auch die Trennkost nur eine untergeordnete Rolle. Dagegen ist das gegenwärtige Ernährungsverhalten sehr stark bestimmt durch eine Art *Rennkost*: Man nimmt schnell hintereinander Nahrung zu sich, nicht immer, aber überwiegend in kleiner Dosierung. Was hier mit der etwas kalauernden Vokabel Rennkost charakterisiert wird, überschneidet sich mit *Fastfood*; aber dieser – insgesamt unscharfe – Begriff betont vor allem auch die schnelle Zubereitung, während hier der meist beiläufige und kontinuierliche Verzehr im Vordergrund steht.

In kritischen Stellungnahmen zu den heutigen Usancen der Ernährung rückt meistens die Geschwindigkeit der Abläufe in den Mittelpunkt. „*Tempodiät*" war beispielsweise im Herbst 2012 eine Akademietagung des Heidelberger Ernährungsforums überschrieben, und die Referatthemen zielten vor allem auf Entschleunigung als Heilmittel: „*Alles braucht seine Zeit*"...; „*Esskultur braucht Zeitkultur*"... Der Zusammenhang ist zweifellos gegeben; aber der manchmal recht gemächliche Dauerkonsum weist in eine andere Richtung. Wolfram Siebeck, der seit Jahrzehnten das Ernährungsverhalten der Deutschen einem strengen Gericht unterwirft und für neue Geschmacksnormen kämpft, wandte sich vor allem gegen die schwere Kost, die er *Plumpsküche* nannte und die für ihn vor allem in der *Mehlschwitze* verkörpert war; gegen sie brachte er in den 1970er Jahren die *nouvelle cuisine* in Stellung. Aber gegen Ende jenes Jahrzehnts tat sich ein neuer Kriegsschauplatz auf; nun wetterte Siebeck gegen „all das Knabber-, Schlabber- und Knusperzeugs, gegen die sterilisierten, pasteurisierten und parfümierten Leckereien", die nach seiner in diesem Punkt wohl nicht ganz korrekten Einschätzung ebensoviel Geld verschluckten wie die neue, gediegene und vornehme Küche. Als Vorläufer der Knabberkonjunktur lässt sich die schnelle Ausbreitung der Kaugummis in der Nachkriegszeit betrachten. Das Kauen der meist süßlichen Gummiprodukte lässt sich mit fast jeder Tätigkeit verbinden. Der Verbrauch unterlag gewissen Schwankungen, der Umsatz hat aber durch die Ausbreitung von Knusperzeug nicht abgenommen.

Mit Siebecks Attacke war eine Tendenz charakterisiert, die sich in den folgenden Jahren noch verstärkt hat, die Tendenz zu ziemlich anspruchslosen, aber dauernd verfügbaren Speisen. Diese Tendenz hat sich auch im gehobenen Milieu ausgewirkt; es gibt zwar exquisite Kreationen (und die gastronomischen Auszeichnungen, die Sterne, werden allgemein registriert), aber die inflationären Empfehlungen im Fernsehen und in Zeitschriften kommen überwiegend banaleren Erwartungen entgegen und verlocken zur raschen Abwechslung, zur nicht sehr erlebnisstarken Realisierung von Kochergebnissen – sei es in der Praxis der eigenen Küche oder im lockeren Konsum der Show-Angebote.

Am deutlichsten zeigt sich die Tendenz aber tatsächlich im Knabbern und Schlabbern, um Siebecks Rüge nochmals aufzunehmen. Es ist Bestandteil kleiner Inszenierungen, die von allen möglichen Agenturen in ihre Programme eingebaut werden. Die Journalistin Ursula Ott notierte: „Noch nicht mal in die Kirche kann man gehen, ohne anschließend zu Kaffee und Aldi-Keksen genötigt zu werden." Zu ähnlichen Angeboten fühlen sich manche Ladenbesitzer verpflichtet. Und auch Buchvorstellungen und Kunstvernissagen werden oft mit Häppchen optimiert, was mitunter dazu führt, dass sich das ambitionierte Publikum vor wertvollen Bildern mit Kleingebäck und, noch schwieriger, mit dem Brotbelag abmüht. Das Schlabbern begegnet aber auch ganz ohne organisatorische Vorarbeit im öffentlichen Raum, auf Schulhöfen und im weiteren Umkreis von Imbiss-Ständen, im Kino (das dort trotz seiner akustischen Qualitäten beliebte Popcorn kann geradezu als Sinnbild für den Vorgang verstanden werden), und auch in Büroräumen und im privaten Bereich, zum Beispiel beim abendlichen Fernsehkonsum.

Die gleichen Tendenzen lassen sich auch beim Trinken beobachten. Allerdings besteht ein wesentlicher Unterschied darin, dass eine umfangreiche Zufuhr von Flüssigkeit positiv sanktioniert ist. Man denkt dabei zunächst an die traditionelle Hochschätzung alkoholfreundlicher Feste und Zwangsrituale, die in verschiedene gesellschaftliche Situationen – vom Vereinsstammtisch bis zum Umtrunk akademischer Verbindungen – eingebunden sind. Aber auch diesseits des Promillebereichs ist das Trinken großer Mengen angesagt. Die medizinische Gegenposition, die vor zu viel Flüssigkeit warnt und dabei nicht nur die seltenen Fälle von Wasservergiftung vor Augen hat, ist nicht nur fachlich umstritten, sondern steht auch in deutlichem Gegensatz zu den alltäglichen Usancen.

Dass wir zu wenig trinken, ist eine ständig wiederholte gesundheitliche Mahnung; und da die empfohlene Tagesmenge bei zwei oder gar drei Litern liegt, ist die Verteilung über den ganzen Tag kaum zu vermeiden. Allerdings dürfte die mehr oder weniger kontinuierliche Flüssigkeitszufuhr keine medizinische Notwendigkeit sein, sodass zumindest kleinere Strecken, die mit anderen Aktivitäten ausgefüllt sind, an sich durchaus ohne Getränk zu überstehen wären. Das *dauernde Trinken*, also Flüssigkeitszufuhr in kurzen Abständen, ist aber mehr oder weniger zur Norm geworden. Kaffee *to go* wird fast überall angeboten, und während manche Leute dahinter zunächst Importe aus dem westafrikanischen

Togo vermuteten, wissen inzwischen Alle, dass man das gekaufte Getränk im gedeckelten Becher mitnehmen darf. Ein findiger Kleinunternehmer produziert seit einiger Zeit Kaffeetassen mit der Aufschrift *Kaffee zum Davonlaufen*; natürlich zielt er damit nicht auf Abschreckung, und seine Botschaft wird akzeptiert. Manche Läden bieten unabhängig vom eigentlichen Sortiment Getränke zum Kauf oder zum freien Verbrauch an, und selbst in Modegeschäften kann man auf Kundschaft treffen, die sich zwischen Suche, Anprobe und Kauf an ihre mitgebrachten oder an bereitgestellte Getränke hält.

Im Netz findet sich eine ausführliche Darstellung zum *„Trinken im Unterricht"*, in der die Vorzüge aufgereiht werden; als verantwortlich zeichnet der Verband deutscher Mineralbrunnen. Dass die Industrie (und nicht nur die Getränkeindustrie!) bei der Verdichtung der entsprechenden Gewohnheiten kräftig mitmischt, ist unumstritten. Aber ihre Werbemaßnahmen wären weniger wirksam, wenn die höhere Frequenz der Nahrungsaufnahme sich nicht so gut in die allgemeine Entwicklung fügte, die hier als Ergebnisorientierung umschrieben wurde. Tatsächlich ist das Trinken während des Schulunterrichts vielfach üblich; und selbst Professoren sind in ihren Lehrveranstaltungen mit jungen Erwachsenen konfrontiert, die mit kindlichen Gebärden aus irgendwelchen Flaschen nuckeln. Allerdings fällt es vielen Lehrenden schon gar nicht mehr auf, weil sie selbst – mit Rücksicht auf ihre Stimme, aber auch aus Angst vor Dehydrierung – nicht ohne Getränk in die Lehrveranstaltungen kommen.

Die Beispiele machen deutlich, dass es nicht nur um die stoffliche Seite wie um die Zufuhr von (meist zu vielen) Kalorien geht, sondern dass sich in der Art der Nahrungsaufnahme auch der jeweilige Lebensstil spiegelt. Georg Simmel hat in einer kurzen Skizze eine „Soziologie der Mahlzeit" entwickelt. Darin zeigt er, wie sich „gerade an die exklusive Selbstsucht des Essens eine Häufigkeit des Zusammenseins, eine Gewöhnung an das Vereinigtsein knüpft"; für ihn besteht die kulturelle Verfeinerung in diesem Bereich nicht in erster Linie im wachsenden Raffinement des Speiseangebots, sondern in den gesellschaftlichen Normen und Ordnungen, die sich um die Mahlzeit herausbilden: Tischgemeinschaft, Regelmäßigkeit, Einhaltung einer Reihenfolge, ästhetische Distanz zum Essen durch den Gebrauch des Bestecks. Er charakterisiert so „die Überwindung des bloßen Naturalismus des Essens". Was dagegen hier unter dem Stichwort *Rennkost* in den Mittelpunkt gerückt wurde, stellt diese Zivilisierungstendenz auf den Kopf: Man schnappt sich rasch die eigene Nahrung und ist von Rücksichten auf Andere weithin befreit; Zufälle und wechselnde Verpflichtungen verhindern die Regelmäßigkeit, und viele der schnellen Angebote erlauben das *Essen aus der Hand* – für Simmel „die Äußerung der reserveloseren Begierde."

Aber es wäre wohl falsch, diese neuen Modalitäten des Essens einfach als Regression zu einer archaischeren und anarchischeren Stufe zu interpretieren. Bei näherem Zusehen erweist sich der Gegensatz zu Simmels Idealbild als weniger radikal. Abgesehen davon, dass die geschilderten Praxen nicht das ganze Feld der ernährungsbezogenen Verhaltensweisen abdecken, sind auch sie nicht einfach nur egoistisch und chaotisch. Die Kölner Tatort-Kommissare stehen grundsätzlich gemeinsam am Imbissstand; Cliquen von Lehrlingen und Schülern fallen in die Billiglokale ein; es entstehen Bekanntschaften, die manchmal die raschen Mahlzeiten überdauern; das Knabbern macht in der Gruppe mehr Spaß (erneut ist an die Popcornorgien im Kino zu erinnern); und die größere Dichte der Nahrungszufuhr schließt Regelmäßigkeit nicht völlig aus. Eine gewisse *Informalisierung* ist nicht zu bestreiten – mit diesem Begriff hat Norbert Elias die Tendenz zur Lockerung und manchmal Auflösung verbindlicher gesellschaftlicher Normen und Formen bezeichnet. Aber das neue Ernährungsverhalten ist nicht beliebig. Es fügt sich zusammen mit den damit verbundenen Kommunikationsvorgängen weithin in die Normen und Formen der Ergebnisgesellschaft.

Allerdings ist es keineswegs sicher, dass sich diese kleine Diagnose des Ernährungsverhaltens problemlos zur Prognose verlängern lässt. Den dissoziativen Tendenzen in der Gesellschaft werden seit einiger Zeit die Chancen und Vorzüge gemeinsamen Vollzugs entschiedener entgegen gestellt, und dabei spielen Mahlzeiten und reichlich ausgestattete Festlichkeiten eine wichtige Rolle. Vor allem aber gewinnen Überlegungen gesundheitlicher und ökologischer Art an Einfluss; in Umfragen ist der Anteil der Anhänger von *Slowfood* meist ungefähr gleich groß wie derjenige der bekennenden Freunde von *Fastfood*. Zukunftsforscher wie Mathias Horx sehen hier einen der wenigen Trends, denen man eine gewisse Beständigkeit zuschreiben kann. Die Revision des Ernährungsverhaltens ist jedenfalls längst nicht mehr nur ein Ziel sektiererischer Reformgruppen, sondern Gegenstand weitgespannter und ernsthafter Diskurse. Die „kulinarische Vernunft", von der Ernährungsforscher sprechen, wird sich auch durch massive wirtschaftliche An- und Ausgriffe nicht beseitigen lassen. Aber sie bleibt auch nicht unbefleckt von den Gegentendenzen. Gunther Hirschfelder, der sich als Kulturwissenschaftler mit Essen und Trinken befasst, hat in einem Interview auf den emotionalen Charakter des Essens hingewiesen und daraus die Schlussfolgerung gezogen: „Wir können letztlich genau so wenig uns nach einem wissenschaftlichen Plan ernähren, wie wir uns nach einem wissenschaftlichen Plan verlieben können."

# Krankheitsgewinn

Der Bezeichnung Krankheitsgewinn begegnet man in medizinischen Abhandlungen, insbesondere in psychologischen Erörterungen zu den Hintergründen von Krankheiten und ihren nicht offen zutage tretenden Implikationen. Der Begriff ist nicht eindeutig, und auch die Aufteilung in primären, sekundären und tertiären Krankheitsgewinn hat nicht allzu viel zur Präzisierung beigetragen. Jedenfalls zielt das Wort sowohl in der Fachsprache wie in der popularisierten Verwendung auf eine ganze Palette von Motiven und Befindlichkeiten, die mit Krankheiten verbunden sein können.

Der psychologisch und auch medizinisch anerkannte Sinn der Krankheit und der damit möglicherweise verbundene Gewinn werden dabei allerdings kaum berücksichtigt. Krankheit kann ja doch als notwendige Reparaturphase verstanden werden, die Schlimmeres verhindert, und sie ist in vielen Fällen auch ein nützliches Mittel der Selbstprüfung und Selbstbesinnung. Friedrich Nietzsche charakterisierte den *„Wert der Krankheit"* in einer Notiz: „Der Mensch, der krank zu Bette liegt, kommt mitunter dahinter, dass er für gewöhnlich an seinem Amte, Geschäfte oder an seiner Gesellschaft krank ist und durch sie jede Besonnenheit über sich verloren hat: er gewinnt diese Weisheit aus der Muße, zu welcher ihn seine Krankheit zwingt." Was normalerweise unter Krankheitsgewinn verstanden wird, weist geradezu in die Gegenrichtung.

Die banalste Form von Krankheitsgewinn ist das Vortäuschen einer Erkrankung – der Simulant verfügt mehr oder weniger gekonnt über bestimmte Symptome, um als krank zu gelten. In diesem Fall ist nicht in erster Linie ärztliche Kunst gefragt, sondern die Aufdeckung der von dem Scheinkranken anvisierten Vorteile, die meistens in der Vermeidung von Herausforderungen bestehen, die auf den Gesunden warten: Flucht in die Krankheit. Diese Flucht ist aber nicht immer bewusst gesteuert; oft handelt es sich um eine unbewusste körperliche Reaktion auf Probleme – manchmal auch halbbewusst, also mit fließenden Grenzen zur Simulation. Hintergrund kann dabei die Angst vor Konflikten, vor Risiken und schwierigen Entscheidungen sein. Die Krankheit ist dabei keine Lösung, aber sie erscheint als das kleinere Übel. Außerdem sind mit ihr ja auch positive Erfahrungen verbunden: Ruhe, Erholung, Entlastung – und vor allem auch Zuwendung. Die Fürsorge kann bei Krankheiten grundsätzlich als Gewinn verbucht werden; dass das Ausmaß der Fürsorge sehr verschieden und eben auch sehr dürftig sein kann, stellt allerdings die Gewinnchance in Frage.

Wenn hier, im Zusammenhang mit der Ergebnisorientierung, von Krankheitsgewinn die Rede ist, dann zielt dies auf Attitüden, die weniger gewichtig sind und im Allgemeinen auch gar nicht registriert werden – *Krankheitsgewinn light* gewissermaßen. Die These ist, dass allein schon die Konfrontation mit den eigenen Krankheiten, ja noch allgemeiner: die Begegnung mit der vielfältigen und unüberschaubaren Welt der Krankheiten als Gewinn erfahren werden kann.

Von den bekannten Sketchen Karl Valentins spielt einer, entstanden im Kriegsjahr 1941, in der Apotheke. Valentin soll ein Medikament holen, hat aber den Namen vergessen. Der Apotheker versucht zu helfen und bietet eine ganze Reihe von Bezeichnungen gängiger Medikamente an – ohne Erfolg. Schließlich fragt er: „Isopropyl-propenyl-barbitursaures-phenyl-dimethyl-dimethyl-amino-pyrazolon?" Valentin lässt sich den Namen zweimal wiederholen, dann reagiert er erleichtert: „Jaa, das is es! So einfach, und man kann sich's doch nicht merken!" Eine hübsche Geschichte, welche die meisten der gängigen Comedy-Scherze hinter sich lässt. Aber ihre Pointe ist etwas stumpfer geworden, und zwar deshalb, weil inzwischen viele Leute tatsächlich in der Lage sind, die Namen von Arzneimitteln ohne Stocken über die Lippen zu bringen. Das dürfte zwar kaum einmal *Isopropyl-propenyl* und so weiter sein, aber manchmal sind die Bezeichnungen doch recht kompliziert. Die Pharmafirmen bemühen sich um eingängige und damit auch kürzere Markennamen; weil aber der Markt von unglaublich vielen Medikamenten überschwemmt ist und die üblichen Anleihen bei Fremdsprachen oft nicht mehr weiterhelfen, sind die kürzeren und einfacheren Bezeichnungen knapp geworden, sodass sich Patientinnen und Patienten wohl oder übel auch mit oft recht exotisch anmutenden und ungewöhnlichen Namen anfreunden müssen.

Das ist eine neue Entwicklung. Früher haben nicht nur Hausmittel eine größere Rolle gespielt, auch die ärztliche Beratung und Hilfe konzentrierte sich vielfach auf ganz wenige Mittel, mit denen die Kranken vertraut waren – ich nenne als Beispiel *Panflavin, Aspirin* und *Pyramidon*, das übrigens der umständlichen chemischen Beschreibung in der Valentin-Szene sehr nahe steht. Die Patienten mussten sich also nur wenige Namen merken. Richtiger und wichtiger: In der Regel mussten sie sich gar nichts merken, weil in den meisten Fällen nicht ein Sammelsurium von Pillen verschrieben wurde, sondern *ein* Medikament. Und außerdem wurde von ihnen erwartet, dass sie die therapeutischen Hinweise befolgen, nur in Ausnahmefällen, dass sie sich damit auseinandersetzen. Dies war einerseits ein Ausdruck von Entmündigung durch wirkliche oder vermeintliche Experten, andererseits entsprach es der Erwartung der Kranken, die so am sichersten der Krankheitslast zu entkommen suchten.

Für sie war Krankheit kein Befund, der relative Einschränkungen mit sich brachte, die im Heilungsprozess schrittweise überwunden wurden, sondern eine totalere Ausgrenzung aus dem gewohnten Lebensvollzug. Berthold Auerbach, lange Zeit einer der erfolgreichsten deutschen Autoren, beschrieb das Leben der unteren, damals noch ganz überwiegend bäuerlichen Schichten nicht nur in seinen Dorferzählungen, sondern auch in einer kritischen Analyse. Darin heißt es: „Das Leben im Freien und die angestrengte Leibestätigkeit bringt es dahin, dass man im Volke, wenn man nicht krank ist, gesund ist, und nicht wie in den höheren Ständen so oft kränklich, weder gesund noch krank, ins Unbestimmte hinein verstimmt." Das ist eine leicht romantisch gefärbte Kritik an den Empfindlichkeiten vor allem des gehobenen Bürgertums; es ist aber auch die realistische Einschätzung des vorherrschenden Umgangs mit Krankheit im ländlichen Milieu. Das Zitat stammt aus der Mitte des 19. Jahrhunderts; aber noch Anfang der 1980er Jahre traf Jutta Dornheim in ihrer empirischen Studie *„Kranksein im dörflichen Alltag"* auf ähnliche Einstellungen. Krankheiten, die Bewegung im Freien erlaubten oder gar forderten, wurden in dem von ihr untersuchten schwäbischen Dorf nicht als solche anerkannt, sodass ein nicht ans Bett gefesselter, sich ab und zu in der freien Luft bewegender Krebskranker – zugespitzt formuliert – erst mit seinem Tod beweisen konnte, dass er wirklich krank war. Es mag hier auch ein Zusammenhang mit der regionalen Prägung bestehen (die Schwaben gelten ja als hoffnungslos arbeitsam); aber tendenziell zeigt sich in dem erhobenen Befund das historische Kontrastbild zum heutigen Verständnis von Krankheit und zum Umgang mit ihr.

Was Auerbach mit leichtem Tadel zu den höheren Ständen anmerkt, trifft heute auf große Teile der Bevölkerung zu. Die Arbeitsbestimmungen und die Logik der Versicherungen drängen den Menschen immer noch die klare Scheidung von gesund und krank auf; aber in der unmittelbaren Erfahrung dominieren Befunde, die dazwischen liegen. Das bedeutet nicht unbedingt, dass man sich in einem fragwürdigen Kränklichsein einrichtet; aber man hat ständig die Möglichkeit der Erkrankung vor Augen. Man registriert bei sich oft irgendwelche physischen Irritationen, die als Krankheit eingestuft oder doch wenigstens mit Krankheit in Verbindung gebracht werden. Die halb rhetorische Frage nach dem Befinden wird deshalb häufig mit einschränkenden Bemerkungen beantwortet: *Es geht so.*

Man kennt viele Krankheiten, leichtere und schwere – oder glaubt sie zu kennen. Was am Beispiel der Medikamente zu zeigen war, gilt ähnlich für das weite Feld der Krankheiten. Viele Leute verfügen zwar nur über begrenztes medizinisches Wissen, aber über einen relativ großen medizinischen Wortschatz. Sie erreichen damit weder den Umfang noch die Präzision der medizinischen Fachsprache, wie sie sich in internen Gutachten und Behandlungsprotokollen äußert; aber sie kennen doch eine große Zahl von Krankheitsbezeichnungen und verbinden damit auch konkretere, freilich oft vage Vorstellungen.

Der Bezug zu Gesundheit und Krankheit hat sich verändert; die Problemlandschaft der Krankheiten ist vielfältiger und bunter geworden, jede definierte oder wenigstens mit einem Namen versehene Erkrankung kann als Resultat analytischer Bemühung verstanden werden, und der Zugriff auf diese Ergebnisse schafft Befriedigung. Daraus erklären sich die große Nachfrage nach populärer medizinischer Belehrung und deren erstaunlicher Erfolg. Das Publikum wird mit Informationen und Ratschlägen überschüttet. Kaum eine Zeitungs- und schon gar keine Illustriertenausgabe, die nicht medizinisches oder halbmedizinisches Wissen ausbreitet; außerdem ist Gesundheitspflege zu einer gut ausgebauten

Sparte der Zeitschriften geworden, und die in den einschlägigen Geschäften kostenlos angebotene *Apotheken-Umschau* reicht mit ihrer Auflage in die Spitze der Vertriebszahlen. Im Fernsehen werden immer wieder Gesundheitsmagazine angeboten, die zwar keine Traumquoten erreichen, aber doch eine beachtliche Resonanz finden. Auch im Bücherangebot spielt die Belehrung auf diesem Gebiet eine wichtige Rolle; die Regale in den entsprechenden Abteilungen des Buchhandels sind gut gefüllt, wobei die Angebote von fragwürdiger Esoterik bis zu seriösen Hilfestellungen reichen. Bezeichnenderweise wurde und wird das medizinische Lexikon *Pschyrembel* auch von vielen Laien nachgefragt, obwohl die darin abgedruckten medizinischen Instruktionen großenteils nur für Ärzte und Pharmazeuten verständlich sind.

Auch in der persönlichen Kommunikation nimmt das Thema Krankheit einen wichtigen Platz ein. In den elektronischen Blogs taucht der Gegenstand oft in tagebuchartigen Notizen auf, und beim Twittern setzen die Schreiber ihre Hoffnung auf guten medizinischen Rat in die große Zahl möglicher Leserinnen und Leser. Früher war die Abfolge der Heilungsversuche nicht ganz selten: Hausmittel – bei mangelhafter Wirkung Arztbesuche – nach wirkungsloser Medikation Heilkundige als letzte Hoffnung. Solche *Heiler*, offiziell vielfach als Scharlatane angegriffen, von ihrem Patientenkreis aber bedingungslos verteidigt, gibt es noch immer; aber in den im Netz zugänglichen Tweets wird deutlich, dass heute nach Enttäuschungen in der ärztlichen Praxis wohl noch häufiger der Zuspruch unbekannter Twitterfreunde gesucht wird.

Das Thema Krankheit spielt aber auch in der direkten mündlichen Kommunikation eine große Rolle. Kein gesichertes statistisches Ergebnis, aber eine Alltagserfahrung: Die Zahl der Leute, die jede Erwähnung einer gesundheitlichen Beeinträchtigung mit einer ausführlichen Schilderung *ihrer* einschlägigen Krankheiten parieren, hat zugenommen. In den Wartezimmern ärztlicher Praxen werden mitunter ganze Anamnesen vorgetragen und Symptome ausgetauscht. In Klinikräumen sind Krankheiten ein Hauptthema der Patientengespräche, und nicht nur die, um deren Behandlung es gerade geht, sondern auch Erinnerungen an frühere Krankheiten, Diagnosen und Therapien. Und obwohl für geselligen *small talk* an sich die Weisung gilt, dass negative Fakten oder Einschätzungen zu vermeiden sind, baden auch da manche Leute ihre wirklichen oder eingebildeten Krankheiten aus – und die zuhörende Runde badet im Allgemeinen mit.

Die Erklärung liegt darin, dass das Jonglieren mit den eigenen und den fremden Krankheitserfahrungen gar nicht negativ ist: Es handelt sich um Ergebnisse, die man gespeichert hat oder speichern kann und die bei geeigneter Gelegenheit abgegriffen werden. Die Verwandlung eines im Prinzip negativen Befundes in ein positiv bewertetes Ergebnis funktioniert nicht nur, wenn es sich um die Erfahrungen anderer Personen oder um bereits neutralisierte Erinnerungen aus der eigenen Vergangenheit handelt, sondern auch dann, wenn man selbst ganz aktuell betroffen ist. Wer zum Arzt geht, erwartet von ihm Ergebnisse – eine möglichst eindeutige Diagnose und klare Weichenstellungen für die Therapie. Bleiben entsprechende Hinweise aus, bedeutet dies für die Patienten eine Enttäuschung, die nur schwer zu ertragen ist – Ärzte wissen, dass Hinweise auf Unsicherheiten in der Einschätzung nicht leicht akzeptiert werden. Dagegen werden präzise Eingrenzungen pathologischer Befunde auch dann eher positiv aufgenommen, wenn sie auf künftige Belastungen voraus weisen, also etwa die Ankündigung einer bestimmten Operation nach längeren Unsicherheiten über den Krankheitsbefund. Es gibt die These, dass Patienten bei ausbleibender Diagnose mit einer Verstärkung der Symptome und damit auch der Krankheit reagieren – diese Annahme ist vermutlich empirisch nicht leicht abzusichern, aber sie ist plausibel.

Dass allein schon der Benennung von Krankheiten großes Gewicht zugeschrieben wird, ist nicht unvernünftig: Es handelt sich um Definitionen, also Eingrenzungen, und damit um die Erschließung von Möglichkeiten (allerdings auch Grenzen) der Heilung. Aber mitunter hat es den Anschein, dass es gar nicht um diese Treffsicherheit von Diagnosen geht, dass vielmehr Wert gelegt wird auf die Verfügbarkeit einer großen Auswahl von Krankheitsbezeichnungen. Früher zog man sich in unwirtlichen Zeiten auf die Erklärung zurück, man sei erkältet oder man habe die Grippe (was objektiv eine falsche Bezeichnung war) – heute liegen nicht nur diverse Krankheiten, sondern auch deren jeweilige Bezeichnungen in der Luft. Es handelt sich dabei einerseits um eine richtige Differenzierung, andererseits aber auch oft um eine bloße Steigerung, um das Sammeln und Präsentieren von Ergebnissen.

Und es muss mit der Möglichkeit gerechnet werden, dass sich diese Tendenz nicht nur in der sekundären Verarbeitung von Krankheit zeigt, sondern dass sie sich auch auf die direkte Erfahrung von Krankheit auswirkt. Immer wieder taucht in Diskussionen und kritischen Veröffentlichungen der statistische Befund auf, dass die Deutschen im Durchschnitt 18 Mal im Jahr ärztliche Praxen aufsuchen. Die Einführung einer Praxisgebühr hatte unter anderem das Ziel, die Menschen von unnötigen Arztbesuchen abzubringen. Teilweise hat dies funktioniert – besonders bei armen Leuten, was gesundheitspolitisch gewiss kein Erfolg war. Andererseits suchten manche Patienten und Patientinnen die für das laufende Quartal zu zahlende Praxisgebühr auch auszunützen, indem sie die Zahl der Arztbesuche erhöhten. Die Abschaffung der Gebühr ab 2013 brachte so nicht nur eine Entlastung der ärztlichen Praxen von bürokratischem Aufwand, sondern war auch sinnvoll für die Kranken.

Aber an dem statistischen Frequenzwert der Arztbesuche hat sich fast nichts geändert. Die Tatsache, dass bei bestimmten schweren Erkrankungen die Zahl der Arztbesuche zwangsläufig extrem hoch ist (Dialysepatienten müssen oft fast täglich, manche Herzkranken wöchentlich zum Arzt), fällt zunächst ins Gewicht, wird aber ausgeglichen durch den Anteil derjenigen, die nie oder fast nie zum Arzt gehen. Für ziemlich viele Menschen aber bleibt es der Regelfall, dass sie sehr häufig in ärztlichen Praxen vorsprechen, um dort ihre Diagnosen und Rezepte abzuholen – das ist bereits ein Teil der Therapie und ist jedenfalls eine positive Erfahrung, weil Ergebnisse übermittelt werden. Zu diesen Ergebnissen gehören die Bezeichnungen der Krankheit, Beweisstücke wie Röntgenbilder, auch wenn sie unverstanden bleiben, konkrete Verhaltensanweisungen, aber auch die verschriebenen Pillen – Ergebnisse in materialisierter Form. Auch hier konnte im Verlauf der letzten Jahrzehnte und Jahre eine Steigerung beobachtet werden. Im Durchschnitt kommen in Deutschland auf eine Person jährlich etwa 1100 Tabletten oder vergleichbare Heilmittel, und die Warnungen vor übersteigertem Medikamentenkonsum haben den Trend nicht umgekehrt. Wenn Patientinnen und Patienten die Arztpraxis nur mit Empfehlungen und nicht mit Rezepten verlassen, empfinden sie dies vielfach nicht als beruhigende Einschätzung, sondern als Vernachlässigung – sie landen dann leicht in der großen Gruppe derjenigen, die sich kontinuierlich selbst mit rezeptfreien Medikamenten versorgen.

Das ist sicher etwas einseitig und auch respektlos formuliert. Man muss ja doch in Rechnung stellen, dass in unserer Gesellschaft die Aufmerksamkeit auf den Körper deutlich gewachsen ist; das zeigt sich in der Ausbreitung sportlicher Aktivitäten, aber auch im verantwortlichen Umgang mit Krankheitsgefahren und Erkrankungen. Dabei ist zu bedenken, dass immer mehr Krankheiten entdeckt und der Therapie zugeführt wurden. In der Altersmedizin wird der Hinweis auf den natürlichen Abbau nur in kleinen Dosen verabreicht. *Altersschwäche*, früher als ausreichende Begründung für sehr verschiedenartige Mängel herangezogen, spielt in der Verständigung zwischen Arzt und Patient nicht mehr die Hauptrolle – erwartet wird die Präzisierung und Benennung der Mängel. Darin drückt sich diagnostischer und therapeutischer Fortschritt aus; körperliche Gegebenheiten können in weit höherem Maß als früher korrigiert und verbessert werden. Die Richtungsänderung wird aber mit dirigiert von der Erwartung älterer Patientinnen und Patienten, die ihre Gesundheit und ihre Verfassung intensiv kontrollieren; bezeichnender Weise hat die kosmetische Medizin in jüngster Zeit deutliche Konjunkturschübe erfahren.

Es gibt durchaus rationale Begründungen für die höhere Schlagzahl im Umgang mit Krankheiten. Aber über diese fassbaren vernünftigen Ursachen hinaus dürfte die oft hektische Suche nach Ergebnissen eine Rolle spielen, und zwar nicht nur nach den Ergebnissen, die bestimmte Formen des Handelns und Behandelns einleiten, sondern nach Ergebnissen überhaupt. Aus den USA dringt die neue Mode des *Self-Tracking* vor; man sucht sich selbst auf die Spur zu kommen mit ausgefeilten (und teuren) technischen Geräten, die körperliche Befunde und Funktionen messen. Die Entwicklung solcher Instrumente ist gewissermaßen ein Selbstläufer; auch hier geht es um immer neue Ergebnisse - um Verbesserungen der Messtechnik, aber auch um die einfache Handhabung durch die Nutzer. Man kann durchaus in Frage stellen, ob die Menschen gesünder und glücklicher werden, wenn sie kontinuierlich auf ihren Armbanduhren ablesen können, wieviele Meter sie sich zu Fuß bewegt haben und wie hoch ihr Blutdruck ist; aber solche

Ergebnisse werden wohl auch weiterhin gesucht. In der Summe vermitteln sie umfassendes und differenziertes Körperwissen; aber die detaillierte Erschließung der Daten führt nicht immer zu Konsequenzen, also etwa zu gravierenden Änderungen des Ernährungsverhaltens. Das muss sie auch gar nicht; die Belohnung für die mühsame Erhebung der Messdaten liegt zu einem guten Teil in diesen selbst: in der Gewinnung von Ergebnissen. Es gibt also sogar in diesem Bereich, der durch ernste Probleme des Leidens bestimmt ist und eine existenzielle Dimension aufweist, die Tendenz zum bloßen Abhaken von Ergebnissen.

# Nummernerotik

Hochzeit in der alten bäuerlichen Gesellschaft: Nicht nur die weitläufige Verwandtschaft, fast das ganze Dorf begleitet das Brautpaar in die Kirche; und die Zahl der Gäste – nachher in einer der örtlichen Wirtschaften – ist nicht viel kleiner. Dort wird gegessen, gezecht und getanzt, viele Stunden lang und manchmal sogar mehrere Tage. Das richtet sich nicht in erster Linie nach dem Wohlstand des jungen Paars und der Eltern, eher nach der lokalen Tradition, die auch maßgebend ist für die Wahl zwischen einer Zahlhochzeit, bei der die Gäste für ihre Zeche aufkommen müssen, und einer Schenkhochzeit, bei der die freie Bewirtung mit größeren Geschenken ausgeglichen wird. Es sind Szenen, die nicht nur in romantisierenden Dorfromanen ausgemalt werden, sondern die durch viele volkskundliche Beschreibungen noch für die jüngere Vergangenheit belegt sind. Fast immer handelt es sich um einen gewaltigen Aufwand, der manchmal die finanziellen Möglichkeiten eines Paars übersteigt, der aber als verpflichtender Brauch betrachtet wird und der jedenfalls die besondere Bedeutung dieses Festes betont.

In vielen Fällen wurde dieser Höhepunkt in einer langwierigen strategischen Anbahnung angesteuert. Der Hochzeit ging die Verlobung nicht nur als formaler Akt oder als weiterer Anlass zum Feiern voraus, sondern als erster Abschluss oft komplizierter Verhandlungen, die nicht – oder jedenfalls nicht nur – von den beiden Betroffenen, sondern in erster Linie von deren Eltern oder anderen Angehörigen geführt wurden. Die Eheschließung setzte im allgemeinen voraus, dass die Verbindung sich als wirtschaftlich vorteilhaft oder wenigstens vertretbar erweisen werde; über die Bedingungen, also über die Mitgift von beiden Seiten, wurde oft kleinlich gestritten, sodass die Hochzeit manchmal auch eine Art Friedensschluss zwischen zwei Sippen war. Dies gilt übrigens nicht nur für die bäuerliche Bevölkerung, bei der durch die Eheschließung, wie es formelhaft hieß, *Acker zu Acker* kam; auch bürgerliche Ehen standen unter ähnlichen Bedingungen – hier kam dann eben Fabrik zu Fabrik, Haus zu Haus oder wenigstens Sparbuch zu Sparbuch.

Man kann durchaus sagen, dass die Verhandlungsphase im Vorfeld, in der ökonomische Rücksichten mit der künftigen Lebensform von zwei Menschen in Einklang gebracht werden mussten, im Zeichen einer Ergebnisorientierung stand; das aufwändige Fest der Hochzeit kann als Ergebnis betrachtet werden. Aber diese Anwendung unseres Schlüsselbegriffs ist nur ein Zeichen dafür, dass Wörter auch dann mehrdeutig bleiben, wenn man sie auf eine bestimmte Richtung festzulegen sucht. Das Ergebnis Hochzeit hat einen anderen Charakter als die Ergebnisse, die hier als einigermaßen charakteristisch für unsere Gesellschaft reklamiert werden. Für sie ist es bezeichnend, dass sie zwar im Augenblick des Vollzugs beträchtliches Gewicht haben können, dass sie in der Regel aber keine längere zielgerichtete Vorbereitung brauchen und vor allem, dass sie meist relativ folgenlos bleiben. Bei der traditionellen Hochzeit wird während des großen Festes die Folgezeit weithin ausgeblendet, die Hochzeit wird als autonomer Höhepunkt inszeniert – fast wie im Märchen, das ja die Frage verbietet, wie es nach dem erzählten glücklichen Ende weiter geht; tatsächlich aber ist eine Hochzeit nicht in erster Linie Abschluss, sondern Anfang einer neuen und langen, im Prinzip beständigen Lebensphase.

Allerdings ist es eine historische Verfälschung, wenn diese alte Form der Verbindung und Bindung der Geschlechter als einzige erotische Möglichkeit verstanden wird. Kirchlich-puritanische Vorschriften und bürgerliche Moralvorstellungen haben an der Legende vom unschuldigen Landleben mitgestrickt; die Wirklichkeit sah anders aus. Vor etwas mehr als 200 Jahren publizierte ein junger schwäbischer Pfarrer, Johann Gottfried Pahl, einen Aufsatz *„Über die Liebe unter dem Landvolk"*. Er war wenig beeinflusst von Vorurteilen, hielt sich vielmehr an Beobachtungen, die er in dem von ihm betreuten evangelischen Dorf machte. Wenn er die Meinung vertrat, die Jugend auf dem Lande fühle „das Bedürfnis zu lieben und geliebt zu werden weit stärker als die in der Stadt", war er sicher nicht frei von der Romantisierung des Landlebens, wie sie zu seiner Zeit in den Künsten gefeiert, in der Literatur ausgemalt und in ländlichen Schäferspielen vorgeführt wurde. Aber er erkannte, dass „die Stimme der Natur", der die jungen Leute folgten, nicht nur und nicht einmal primär auf legalisierte Kontakte verwies: „Liebe betrachtet man als Genuss des ledigen Standes, Ehe als Sache ökonomischer Spekulation." Pahl zeichnet ein realistisches Bild. Vor ihrer Heirat überlassen sich die jungen Leute ihren Gefühlen und entwickeln ein recht freizügiges erotisches Leben, das von den Älteren gleichzeitig moniert und geduldet wird. Die große Zahl unehelicher Kinder, auf die eifrige Ahnenforscher zu ihrer Überraschung fast immer in ihren Stammbäumen stoßen, bildet jene Freizügigkeit quasi auch statistisch ab.

Diese Vorphase kommt den heute vorherrschenden Verhältnissen in gewisser Hinsicht nahe. Enthaltsamkeit vor der Ehe kommt zwar vor, ist aber doch so ungewöhnlich, dass ihre bekennenden Anhänger auffallende Publizität genießen; die Medien berichten von Zeit zu Zeit über diese Gruppe und knüpfen daran Vermutungen über einen neuen Trend, der sich aber nur unwesentlich verstärkt haben dürfte. Für die große Mehrheit gilt, dass der sexuelle Verkehr früh einsetzt. Die Durchschnittswerte in einschlägigen Statistiken sind nicht ganz einheitlich, kreisen aber eng um das Alter von 16 bis 17 Jahren. Auch wenn man für früher durchgeführte Befragungen eine höhere Dunkelziffer annehmen muss, ist die Absenkung des Initiationszeitpunkts deutlich. Der Unterschied gegenüber früheren Zeiten wird oft vor allem an technisch-medizinischen Innovationen festgemacht, an der Verwendung von Präservativen und an der Einführung der Pille als Verhütungsmittel. Dadurch wurden die Möglichkeiten zu sexuellem Verkehr vergrößert, wurde der oft zitierten *sexuellen Befreiung* der Weg geebnet. Dies ist allerdings nur die halbe Wahrheit; für die andere Hälfte muss die Kausalität umgekehrt werden: Ohne die Voraussetzung eines liberaleren Verständnisses sexueller Bedürfnisse und Gegebenheiten wäre die Palette leicht verfügbarer Verhütungsmöglichkeiten kaum erweitert worden. Kondome wurden bekanntlich schon im 17. Jahrhundert erfunden; aber sie waren nicht nur teuer, sondern auch gesellschaftlich verpönt; erst seit relativ kurzer Zeit sind sie ohne Schwierigkeiten greifbar, werden nicht nur in Spezialgeschäften, sondern auch in Supermärkten angeboten und vor Massenveranstaltungen oft kostenlos verteilt – bei großen Sporttreffen so gut wie beim Kirchentag.

Unabhängig von der Einschätzung, welche Rolle neue Hilfsmittel bei der sogenannten sexuellen Revolution gespielt haben, lässt sich feststellen, dass sexuelle Kontakte häufiger geworden sind. Allerdings bleibt bei dieser Feststellung ausgeblendet, dass manche Menschen von sexuellen Kontakten fast völlig ausgegrenzt bleiben: „Manche haben täglich Geschlechtsverkehr, Andere fünf oder sechs Mal in ihrem Leben, oder überhaupt nie. Manche treiben es mit hundert Frauen, andere mit keiner." So charakterisiert Michel Houellebecq in seinem Roman „*Ausweitung der Kampfzone*" den Unterschied. Er spricht von einem *Marktgesetz*, das gerade in einem extrem „liberalen Sexualsystem" die Chancen ungleich verteilt. Für die große Mehrheit gilt aber eine Steigerung der Kontakte, und diese Steigerung wird im Allgemeinen mit positiven Vorzeichen registriert.

Es gibt zwar auch kritische Stimmen zum Sex als *Leistungssport*; aber diese Kennzeichnung kommt nicht von ungefähr, sie bestätigt die vermehrte sexuelle Aktivität und zielt – ironisch – auf einen verbreiteten Maßstab der Bewertung. Es geht dabei zunächst um die Zahl der Kontakte, manchmal auch noch quasi um die B-Note für die Ausführung, was extreme Formen der Bettakrobatik begünstigen kann. Nun ist die Beachtung der Häufigkeit des Geschlechtsverkehrs und das Prahlen damit nichts Neues. Schon vor mehr als hundert Jahren wurde als beliebte mündliche Erzählung die Geschichte über einen robusten Mann aufgezeichnet, der einer Prinzessin beweisen sollte, dass er „es" fünfzig oder gar hundert Mal hintereinander könne – jedes Mal habe er einen Kreidestrich gemacht, und als er kurz vor dem Ende mit der vornehmen Partnerin nicht einig wurde über die erreichte Zahl (er zählte 87, sie beharrte auf 86), habe er die ganzen Striche ausgewischt und von vorne angefangen. Das ist eine aus Potenzträumen gespeiste Märchenstory, die das Abzählen in den Bereich der Komik rückt; dagegen scheinen – etwas bescheidenere – Zählrituale heute nicht ungewöhnlich zu sein. Anders gesagt: Die punktuelle Faszination im Geschlechtsakt wird überführt in eine Buchhaltung von Ergebnissen.

Dies gibt dem sexuellen Erlebnis nicht mehr, sondern weniger Gewicht. Und dies dürfte auch dann gelten, wenn an den Ergebnis-Spielen wechselnde Partnerinnen und Partner beteiligt sind. Das ist ein Sachverhalt, der sich im Zuge der sexuellen Befreiung als klare Tendenz herausbildete. Besonders deutlich wird er in der Inszenierung von rasch wechselnden, auf Minuten begrenzten Begegnungen, in realen Arrangements oder auch im *Chatroulette*, das im Netz angeboten wird. Es handelt sich zwar nur um die schnelle Kontaktmöglichkeit, aber diese eröffnet meist auch die Chance zum schnellen Vollzug und Wechsel. Die Tendenz zum häufigen und raschen Wechsel hat sich gegenüber den Jahren des sexuellen Auf- und Ausbruchs inzwischen etwas abgeschwächt, einerseits durch die wegen der Verbreitung von Aids ausgelösten Ängste, andererseits auch durch die Rückbesinnung auf moralische Forderungen oder auch einfach durch die Sehnsucht nach Geborgenheit, nach einer das Sexuelle übersteigenden Liebesbindung. Aber nach wie vor besteht hier ein gewichtiger Unterschied gegenüber den kurz geschilderten früheren Verhältnissen, in denen sich die nicht legalisierten Verbindungen meistens auf *eine* Paarbeziehung beschränkten – wohl nicht in erster Linie aus moralischen Rücksichten, sondern aufgrund der vorgegebenen Bedingungen: Die Menschen waren auf einen relativ kleinen Umkreis festgelegt, in dem die soziale Kontrolle naturgemäß sehr wirksam war, während heute die größere Mobilität ebenso wie die komplexe Vielschichtigkeit der Bevölkerung ein freieres Agieren ermöglicht. Dieses freiere Agieren begünstigt einerseits eine Partnerwahl, in der ganz individuelle Bedürfnisse und Gefühle zur Geltung kommen, legt aber gerade wegen dieser ständigen Orientierung an den eigenen Gefühlen auch häufigere Partnerwechsel nahe und führt so zu gesteigerter Promiskuität. Und diese Gefühlsorientierung scheint immer häufiger die legale Fixierung zu überwuchern und aufzulösen – das bezeugt der drastisch gestiegene Anteil der Schcidungen ebenso wie die große Zahl freier Partnerschaften, die zwar auf Dauer angelegt sein können, die legale Festlegung der Dauer aber scheuen.

Dabei spielt sicher der Wunsch eine Rolle, Formalitäten zu entkommen, also amtlich-bürokratischen Festlegungen den Zugang in den privaten Gefühlsbereich zu verwehren. *Eigene* Rituale, welche die intendierte Unverbrüchlichkeit symbolisieren, werden nämlich durchaus erfunden und praktiziert. Dazu gehören die Liebesschlösser, die von Paaren an Brückengeländer angeschlossen werden. Der Schlüssel wird danach ins Wasser geworfen, er ist endgültig weg – allerdings können auch die Schlösser vergessen und so den Gesetzen der Wegwerfgesellschaft unterworfen werden. Der neue Brauch kann sicher als Gegenbewegung zur sexuellen Beliebigkeit verstanden werden; aber insgesamt weisen auch die in den jüngsten Umfragen erhobenen Befunde hinsichtlich der Partnerwechsel, der Häufigkeit und der Varianten sexuellen Verhaltens keine gravierende Änderung aus.

In der Literatur finden sich schon lange Beschreibungen extremer Ausschweifung, wobci meistens die Milieus käuflicher Sexualpraxis im Mittelpunkt standen. Schon dadurch lag es nahe, dass Gefühlswerte entweder ausgeblendet oder den technisch versierten pornographischen Schilderungen lediglich angeklebt wurden. Trotzdem erscheinen die erotischen Erinnerungen der fiktiven Wiener Prostituierten Josefine Mutzenbacher, die Anfang des 20. Jahrhunderts auf den

Buchmarkt kamen und später die Vorlage für Filme boten, geradezu gefühlvoll im Vergleich mit manchen neuen Publikationen zum gleichen Gegenstand. In Frankreich erschien 2001 „*La vie sexuelle de Catherine M.*", eine tabufreie Aufreihung und auch Auf*zählung* sexueller Begegnungen und Varianten, die innerhalb kurzer Zeit in 45 Sprachen übersetzt wurde und in allen Editionen zu einem riesigen Verkaufserfolg führte. Verfasserin und damit Nutznießerin der Millionenauflage war Catherine Millet, die sich nicht hinter einem Pseudonym versteckte, obwohl – und weil – sie in der Pariser Gesellschaft eine angesehene Stellung bekleidete: Als Chefredakteurin einer Kunstzeitschrift hat sie auch über moderne Kunst geschrieben, damit allerdings sehr viel weniger Aufmerksamkeit erregt. In den Rezensionen ihres Erotikbandes sind die Leitvokabeln der Beurteilung *kühl, unemotional, abgeklärt*; auch als *unerotisch* wurde das Buch mit seinen frigiden Gebrauchsanweisungen bezeichnet. Doch man kann es ebenso gut als Ausdruck einer neuen Erotik verstehen, die durch das Bedürfnis nach Abwechslung und damit nach schnellem sexuellem Konsum charakterisiert ist. Die zugrunde liegende Befindlichkeit muss nicht ausschließlich negativ interpretiert werden; in Millets Buch ist Sex, wie es in einer Besprechung hieß, auch eine Droge gegen die Einsamkeit. Die daraus entstehende, fast zwangsläufig vergebliche Jagd nach erotischer Erfüllung reduziert jedoch das Erlebnis zum Ergebnis – die gesammelten Höhepunkte verbinden sich eher nicht zu einer glücklichen Gipfeltour.

Der Einwand liegt nahe, dass dieses einzelne autobiographische Buch nicht die gesellschaftliche Wirklichkeit repräsentiert – nicht nur, weil es sicher auch fiktive Elemente enthält, sondern vor allem, weil es offensichtlich von einer Exzentrikerin geschrieben wurde. Aber der Verkaufserfolg darf nicht ignoriert werden, zumal es zu dem französischen Bestseller eine ganze Reihe von Parallelen gibt – weitere erotomane Veröffentlichungen, die relativ unabhängig von ihrem literarischen oder künstlerischen Gehalt erstaunlich schnell zu massenhafter Nachfrage führten. Das vorläufig letzte Beispiel ist die von einer britischen Autorin verfasste und in den USA edierte Romantrilogie „*Shades of Grey*". Diese Publikation enthält zwar mit der physischen Unterwerfungsseligkeit der Protagonistin eine eigene Botschaft, aber das Durchhaltevermögen von Leserinnen und Lesern erklärt sich doch wohl in erster Linie dadurch, dass kontinuierlich sexuelle Vorgänge geschildert, Ergebnisse schnell abgerufen werden.

Es muss ja doch etwas bedeuten, dass sich das Publikum – offenbar ziemlich quer durch alle Schichten und Altersgruppen – so gerne in menschlichen *Feuchtgebieten* aufhält und dabei auch die Schilderung reichlich liebloser sexueller Begegnungen in Kauf nimmt. Die Variationsbreite der erzählten Vorgänge ist dabei trotz der Mobilisierung abstruser erotischer Phantasien nicht allzu groß, und die unvermeidlichen Wiederholungen werden auch durch eine blumig freche Sprache nicht gefälliger. Bei kritischer Lektüre fühlt man sich rasch an eine von dem englischen Romancier David Lodge ausgemalte Episode erinnert: Ein Professor gerät mehr oder weniger versehentlich in ein Porno-Kino, und was er dort, meist in Großaufnahme, zu sehen bekommt, lässt ihn an die unermüdlich ineinander greifenden Bolzen und Röhren in einer mechanischen Fabrik denken.

Dass solche Monotonie die Attraktion literarischer und auch filmischer erotischer Angebote nicht zunichte macht, hängt mit dem Reiz der Grenzüberschreitung zusammen. Man geht kaum fehl mit der Annahme, dass vielfach ein kompensatorisches Verhältnis zu unterstellen ist: Weil das eigene Sexleben starken Einschränkungen unterworfen ist (durch physiologische Begrenzungen, durch internalisierte normative Vorgaben, durch die von Partner oder Partnerin errichteten Schranken), nützt man die Freiheiten unkontrollierten medialen Konsums. Aber zu den literarisch oder filmisch vermittelten Lustbarkeiten gibt es auch ein gewisses Maß von Entsprechungen in der Realität. In einem der privaten Fernsehsender war ein Projekt *„50 pro Semester"* in der Planung, eine als Dokumentation präsentierte Serie, die fünf Studierende bei ihrem Wettversuch begleitet, im Lauf eines Semesters 50 Männer oder Frauen ins Bett zu holen. Es handelte sich um eine gezielte Inszenierung, die aber nur die Rekordversuche übersteigerte, die sich in der Wirklichkeit abspielen. Die enthemmten fiktionalen Darstellungen orientieren sich zum Teil an der tatsächlichen Szene, und die Szene bedient sich teilweise der Phantasien in jenen Darstellungen. Und *Szene* steht dabei nicht für eine kleine, klar definierte Gruppierung, sondern für einen beachtlichen Teil vor allem (aber nicht nur) junger Leute.

Aus autobiographischen und anderen literarischen Berichten weiß man, dass auch früher in manchen Gruppen freizügige sexuelle Aktivitäten mehr oder weniger verbindlich waren – als Initiationsritus für neu zu der Gruppe gekommene Mitglieder oder als demonstrative antibürgerliche Eskapade während einer bestimmten Lebensphase. Dies galt vor allem, aber nicht ausschließlich, für die Angehörigen studentischer Vereinigungen. Was sich heute abspielt, hat zwar häufig auch mit *Communities* zu tun, aber es sind ‚Gemeinschaften', die nur auf dieses Ziel ausgerichtet sind und die meistens über das Netz zusammenfinden. Die Entgrenzung der Geschlechtsbeziehungen findet ihren deutlichsten Ausdruck im Online-Sex. Die dafür eingerichteten Plattformen (*Myflirt, Ilove, C-Date* usw.) verzeichnen teilweise eine millionenfache Nachfrage. Die elektronische Kontaktnahme schließt nicht aus, dass es zu länger haltbaren Verbindungen kommt; aber vor allem eröffnet sie die Möglichkeit rascher Ergebnisse, die sich in vielen Fällen auf den im Netz ausgelösten Kick beschränken, die aber auch der Möglichkeit raschen Wechsels in den realen physischen Kontakten zuarbeiten.

Der Begriff *One-Night-Stand*, mit dem früher in der Schaustellerbranche das auf einen Tag begrenzte geschäftliche Engagement bezeichnet wurde, wird inzwischen allgemein auf einmalige Sexualkontakte bezogen. Sie können zufällig zustande kommen in gelockerter Stimmung, sind aber häufiger geplant, und zwar fast immer als einmalig geplant. Sie setzen nicht unbedingt die heimlichere Annäherung übers Netz voraus, bilden vielmehr oft auch den Ausklang von Disco-Abenden oder anderen Events. Überhaupt scheint die Kontaktform des Flirts, die früher lange Zeit und oft ganz in der Distanz blieb, sehr viel häufiger auf körperliche Nähe und Erprobung zuzulaufen. Dies heißt aber auch: auf schnelle und wiederholbare Ergebnisse. Der Begriff *adden*, mit dem das Hinzufügen neuer Adressen und Kontakte im Netz gemeint ist, lässt sich bis zu einem gewissen Grad auf den Vollzug und das Registrieren sexueller Begegnungen übertragen. Dies kann pathologische Folgen annehmen; Online-Sexsucht ist eine seriöse diagnostische Bezeichnung, bezogen allerdings meist auf virtuelle Sexorientierungen, und es gibt bereits die Einrichtung der *HSO*, der Hilfe zur Selbsthilfe bei Online-Sexsucht.

Aber es wäre eine Täuschung, wollte man die ganze Entwicklung nur als Krankheitsbefund registrieren, von dem der gesunde Teil der Gesellschaft unberührt bleibt. Über die Medien – Bücher, Illustrierte, Filme, Botschaften im Netz – nehmen relativ viele Leute die geschilderten Tendenzen zur Kenntnis, und ein beachtlicher Teil junger Menschen ist aktiv an dem Spiel beteiligt. Dass dabei Schichtunterschiede zurücktreten, wurde schon gesagt; mindestens ebenso wichtig ist, dass auch der Geschlechtsunterschied höchstens eine untergeordnete Rolle spielt. Es kommt zwar immer noch vor, dass Frauen in einschlägigen Foren die Mitgliedschaft kostenlos angeboten wird; aber dieses Lockmittel dürfte kaum der einzige Grund dafür sein, dass oft mehr Frauen als Männer angemeldet sind. Sicher spielt dabei die im Netz gegebene Tarnung eine Rolle; aber auch in der offenen Kommunikation treten Frauen stärker und aktiver als in der Vergangenheit hervor, durchaus auch mit der Bereitschaft, sich auf kurzfristigere Bindungen einzulassen. Für die Verhaltensforscher, die unsere Vorlieben und Macken gern aus den Zwängen unserer Steinzeitvorfahren oder aus der Tierwelt ableiten, ist dies eine unverständliche Verirrung – während die Männchen und Männer evolutionär davon profitierten, Nachkommen mit möglichst vielen weiblichen Wesen zu zeugen, waren diese darauf angewiesen, einen Langzeitpartner zu finden, der ihre Versorgung und die der Kinder sicherstellte.

Die schwierige Frage des Verhältnisses von Sex und Liebe, die nie pauschal zu beantworten ist, ist im Zuge der größeren Freizügigkeit noch schwieriger geworden. Auf der einen Seite gibt es Tendenzen zu einer strikten Trennung; die Offenheit sexueller Verlockungen soll durch eingrenzende Liebe nicht gestört werden. Es gibt bedenkliche Berichte über eine meist von männlichen Jugendlichen ausgeübte sexuell getönte Gewalt und damit empathiefreie Beziehungen. Aber in der Regel lässt sich die Trennung nicht durchhalten: Zärtlichkeit ist eine dominante Form in beiden Bereichen, auch Begegnungen, die ausdrücklich Sex als Ziel haben, sind in aller Regel nicht nur körperlicher Sport. Es ist nicht auszuschließen, dass das in vieler Hinsicht fragile Gebilde der Liebe in der Landschaft größerer Offenheit eine neue Gestalt annimmt.

Man sollte freilich die Offenheit auch nicht überschätzen. In einem Dresdener Projekt zur „Institutionalisierung von Zweierbeziehungen" stellten die Forscherinnen und Forscher zu ihrer Überraschung fest, dass Sexualität „nicht die entscheidende Komponente im Paarbildungsprozess" ist; und in einer ganzen Reihe weiterer Untersuchungen in verschiedenen europäischen Ländern wurde als statistisch erfasster Durchschnitt ein relativ langes Moratorium zwischen Kontaktnahme und Geschlechtsverkehr beobachtet. Verwunderlich ist das eigentlich nicht. Als Bremse wirken ja nicht nur die äußeren Hindernisse, die kleiner geworden, und die Kontrollen, die seltener geworden sind, sondern auch die inneren Unsicherheiten.

Die physische Annäherung stellt ein eigenes Problem dar. Die Überschreitung der eigenen Körpergrenzen in der Begegnung mit einer anderen Person bleibt auch in Zeiten gesteigerter Promiskuität eine riskante Erfahrung, die vor allem beim ersten Kontakt geradezu bedrohlich sein kann. Birgit Vanderbeke schildert in ihrer Erzählung *„Alberta empfängt einen Liebhaber"*, mit welcher Befangenheit und mit welchen Hemmungen zwei 15-Jährige zu kämpfen haben, ehe sie zueinander finden. Das Mädchen fängt, als sie mit ihrem Freund nachts im Wald auf einem Baumstamm sitzt, gegen ihren Willen an nachzudenken, „warum bloß man so jemandem, den man tatsächlich besonders gern mag, mit der Zunge in den Mund fahren soll, wo die eigene Zunge und der andere Mund voller Spucke sind..." Vermutlich ist mit solchen Passagen das Problem der ersten Begegnung und Vereinigung immer noch zeitgemäß geschildert. Und vielleicht kann man sagen, dass diese Vereinigung nach wie vor ein kompliziertes Erlebnis ist – im Gegensatz zu den Ergebnissen, die später vielfach einige Zeit angestrebt und abgehakt werden.

# Reise-Etappen

*„Unterwegs und wieder daheim"* – so überschrieb Theodor Fontane einen kleinen
Essay, den er 1877 veröffentlichte. Er bezeichnet das *Massenreisen* als Eigen-
tümlichkeit seiner Zeit und rückt es in eine ironische Perspektive: „Alle Welt
reist. So gewiss in alten Tagen eine Wetterunterhaltung war, so gewiss ist jetzt
eine Reiseunterhaltung. Wo waren Sie in diesem Sommer? heißt es von Okto-
ber bis Weihnachten. Wohin werden Sie sich im Sommer wenden? heißt es von
Weihnachten bis Ostern; viele Menschen betrachten elf Monate des Jahres nur
als eine Vorbereitung auf den zwölften, nur als die Leiter, die auf die Höhe des
Daseins führt. (...) Der moderne Mensch, angestrengter, wie er wird, bedarf auch
größerer Erholung." Sieht man davon ab, dass seit einiger Zeit die Ausbreitung
des Wintersports einen zusätzlichen Akzent im Jahreskalender gesetzt hat, so
könnte man das Zitat durchaus auf die heutigen Verhältnisse beziehen. Das ist
insofern merkwürdig, als damals keine zehn Prozent der Bevölkerung über die
Zeit und die finanziellen Mittel verfügten, um eine Urlaubsreise anzutreten. Fon-
tanes Äußerung erklärt sich zum einen wohl daraus, dass er sich im Horizont ge-
hobener Schichten bewegte – *alle Welt* war die vornehme Welt, wie *Gesellschaft*
die ‚bessere Gesellschaft' war. Zum andern demonstrierte in jenen Gründerjah-
ren eine größere Zahl von Wirtschaftsbürgern das neugewonnene Prestige auch
durch luxuriöse Reisen, und für die anderen Bürger war Distanzierung von diesen
Neureichen angesagt.

Manche Erscheinungsformen, die bis heute den Tourismus und mehr noch
die Tourismuskritik bestimmen, traten offenbar schon damals auf. Das Stichwort
*Masse*, das ja grundsätzlich eine differenzierende Betrachtung ausschließt, war
zu jener Zeit sicher noch weniger angebracht als bei der späteren Verurteilung
der angeblichen Massenkultur; aber da sich die Urlaubsreisen auf relativ wenige
Ziele konzentrierten, gab es dort nicht selten eine beachtliche Massierung von
Touristen. Mark Twain, der sich bei seiner Europareise immer wieder auch auf
den Spuren der Touristen bewegte, hat beispielsweise spöttisch davon berichtet,
wie sich am Fuß der *Rigi* in der Schweiz Hunderte im Morgengrauen mit Decken
umwickeln und zum Gipfel streben, um den Sonnenaufgang zu bewundern. Der
Fremdenverkehr war bereits normiert; bestimmte Ziele waren unumgänglich.
Aber auch das Bedürfnis nach Abwechslung war Teil der sich ausbreitenden Rei-
sebewegung: Wohin werden Sie sich im Sommer wenden...?

Der Wechsel unterlag freilich noch einem langsameren Rhythmus. Man ent-
schied sich im Allgemeinen für einen Ort, an dem man dann Wochen zubrachte;
für die Abwechslung war an den Orten selbst gesorgt. In den Bädern beispielsweise waren die Musik- und Tanzunterhaltungen so wichtig wie die medizinischen
Anwendungen, und Spielcasinos sorgten für aufregendes Amüsement – bekanntlich brachte die Spielsucht Dostojewski in Baden-Baden in extreme Schwie-

rigkeiten, ohne die allerdings sein eindrucksvoller Roman *„Der Spieler"* nicht entstanden wäre. Es gab aber auch schon die Reisen von Ort zu Ort, langsamer und in kleineren Distanzen als jetzt, aber durchaus nach festem Programm. Reiseführer bestimmten die Routen und Haltepunkte – lebende Begleiter zunächst und dann immer häufiger die gedruckten Führer. Karl Baedeker, der 1839 seine *„Rheinreise von Straßburg bis Düsseldorf"* publizierte, gilt als Wegbereiter dieser Gattung. Ein Londoner Buchhändler hatte schon drei Jahre vorher das Rheinland in das erste der sogenannten *Red books*, der englischen Reiseführer, einbezogen; aber Baedeker blieb mit seiner Reihe in Deutschland der einflussreichste unter den Reiseschriftstellern. Vor allem war es sein Bewertungssystem, die Auszeichnung einzelner Bauten, Plätze und Aussichtspunkte mit Sternchen, was Schule machte und Reiseströme lenkte.

Was später in der offiziellen Anerkennung von Kultur- und Naturdenkmälern zum Ausdruck kam und sich bis zum Ringen um das Etikett *Weltkulturerbe* steigerte, hatte in dieser privaten Vergabe von Rangplätzen einen wirksamen Vorläufer. Die in den Reiseführern hervorgehobenen *sights*, die Sehenswürdigkeiten, waren unbestrittene Zielpunkte der Touristen und zogen tatsächlich Massen an, wenn man mit diesem Wort nicht gleich riesige Zahlen verbindet. Die vorprogrammierten Reisen führten von einer Sehenswürdigkeit zur nächsten, und schnell scheint sich eine ziemlich flüchtige Art des Sehens herausgebildet zu haben. Die englischen und deutschen humoristischen Blätter, die in der zweiten Hälfte des 19. Jahrhunderts sehr verbreitet waren, machten sich lustig über die Sightseeing-Touren; in boshaften Karikaturen zeigten sie ganze Familien, deren Mitglieder hintereinander her trotteten und den Blick gebannt in die aufgeschlagenen Reiseführer richteten, von den wirklichen Denkmälern dagegen keinerlei Kenntnis nahmen. Natürlich war das eine Zuspitzung und Übertreibung; aber schon damals scheint das bloße Abhaken von möglichst vielen vorgeschriebenen Höhepunkten ein Modus der touristischen Reise gewesen zu sein.

Die rascheren Fortbewegungsmöglichkeiten haben die Frequenz dieses Vorgangs erhöht: Innerhalb eines einzigen Tages können Dutzende von Sehenswürdigkeiten besucht werden. Man unterstellt das vielfach ausländischen Reisegruppen; in Karikaturen stehen japanische oder amerikanische Touristen, alle mit umgehängtem oder gezücktem Fotoapparat, vor irgendeinem imposanten Bauwerk und streiten untereinander, ob sie sich in Heidelberg oder Rothenburg oder vielleicht doch schon in Nürnberg befinden. Das mag nicht völlig frei erfunden sein; aber es wäre ein Irrtum, zu glauben, dass die deutschen Touristen über solche Fehlleistungen und Fehlleitungen erhaben sind. Und das gilt nicht nur für die oft und meist zu Unrecht von oben herab kritisierten Busgruppen, sondern auch für individualistische Einzelreisende.

Die Reisestatistik unterscheidet zwischen Kulturtouristen und Besichtigungstouristen. Die Unterscheidung klingt einleuchtend: Kulturtouristen wählen ihre Ziele aus, bereiten sich darauf vor und nehmen sich Zeit; Besichtigungstouristen nehmen schnell mit, was ihnen angeboten wird – wobei das Mitnehmen auch auf die geschossenen Fotos bezogen werden kann. Aber in der touristischen Realität sind die beiden Kategorien keineswegs so trennscharf. Schon deshalb, weil die äußeren Umstände oft eine genauere und damit kultiviertere Auseinandersetzung mit den Sehenswürdigkeiten gar nicht zulassen. Notiz eines Journalisten, der – wohlkalkuliert nicht in der Ferienzeit – nach Florenz und Rom gefahren war: „An still betrachtenden Kunstgenuss, an das Erspüren eines Zaubers ist da nicht zu denken. Man muss gut vorbereitet sein und sich dann damit zufrieden geben, dass ein Eindruck zu erhaschen war, wie diese Weltwunder grosso modo aussehen, wie groß sie sind oder in welcher Umgebung sie ihren Platz haben." Das gilt nicht nur für die Florentiner Uffizien oder das römische Kolosseum, sondern auch schon für weniger bedeutende regionale Ziele, jedenfalls aber für alle national und international bekannten Attraktionen: Den Louvre in Paris besuchen jährlich etwa acht Millionen, den Kölner Dom sechs Millionen, Tate Modern in London fünf Millionen, das Museo del Prado in Madrid nahezu drei Millionen, das Deutsche Museum in München 1,4 Millionen, das Heidelberger Schloss 1,3 Millionen und Schloss Neuschwanstein immerhin noch 1,2 Millionen. Das bedeutet in allen Fällen (und es könnten weitere Beispiele mit ähnlichen statistischen Befunden hinzugefügt werden) lange Wartezeiten und danach eilige Besichtigung, meist mit professioneller Anleitung.

Aber es sind nicht nur die äußeren Umstände. Touristen und Touristinnen sind vielfach darauf eingestellt, in kurzen Fristen möglichst viel mitzubekommen, und das ist eine Attitüde, von der sich auch die ‚Kulturtouristen' nicht wirklich frei halten können – sei es, weil die anstrengende genauere Auseinandersetzung im Widerspruch steht zum gefühlten Erholungsauftrag, oder sei es, weil auch sie eine möglichst reiche Bilanz ziehen wollen. Touristen wollen eine Menge erleben und mit nach Hause nehmen; aber weil es ihnen auch auf die Menge ankommt, schrumpft das Erlebnis in vielen Fällen zum Ergebnis. Touristen suchen Ergebnisse, die in ihrer Erinnerung meist entlang der Chronologie und der Wegstrecke aufgereiht werden, die auf Postkarten den Daheimgebliebenen nahegebracht werden, die in den obligaten Urlaubsberichten aufgezählt werden können, die sie aber auch in ganzen Fotoserien dokumentieren. Eine Zeitlang waren Dia-Abende beliebte Formen der Nachbereitung von Reisen, aber auch beliebte Objekte des Spotts über diese kleinbürgerliche Selbstdarstellung; sie sind inzwischen aus der Mode gekommen, und wohl nicht nur, weil sich die Möglichkeiten der technischen Vermittlung verändert haben. Vermutlich war den Dia-Abenden noch die Illusion eingeschrieben, Urlaubsreisen seien etwas Besonderes, während inzwischen das „Alle Welt reist" ziemlich wörtlich zu nehmen ist. Und wer zu Dia-Abenden einlädt, läuft Gefahr, dass alle Besucher innerhalb kurzer Zeit mit gleicher Münze heimzahlen.

Bei Umfragen zu den Urlaubsmotiven rückt die Ausweitung kultureller Erfahrungen nur selten und bei ausgewählten Gruppen an die erste Stelle – Erholung ist wichtiger und wird oft mit ausgesprochen statischem Vokabular umschrieben: Ruhe, Stille, Rückzugsmöglichkeit. Aber das Stichwort Erholung wird auffallenderweise auch mit *Abwechslung* kombiniert, und selbst verbissene Strand- und Sandbrätlinge geben sich im Allgemeinen nicht nur dem Sonnenkult hin. Sie landen dann vielleicht nicht in kunsthistorischen Museen; aber es gibt ja auch Trachtenfeste und Tierparks, religiöse Umzüge und Kulttänze. Auch Stadtrundfahrten sind beliebt, und sie führen keineswegs nur zu den beglaubigten künstlerischen Höhepunkten, sondern auch zu politisch relevanten Orten, in zugängliche Bereiche der Wissenschaft und der Wirtschaft und zu kulinarischen Angeboten. Die *StattReisen*, hinter denen eine eigene Organisation steht, deuten schon in ihrem Titel die Absicht an, ungewöhnliche Ziele auszusuchen, und dabei geht es nicht selten um Orte, die an gruselige Ereignisse der Vergangenheit erinnern oder die durch ihre heutige Funktion und Gestalt Nervenkitzel auslösen. Bei manchen Fernreisen hat sich das *Slumming* durchgesetzt, die Fahrt durch Armenviertel, die manchmal mit karitativen Appellen verbunden ist, die den Touristen aber auf perverse Weise vor allem die Kontrasterfahrung eigenen Wohlbefindens vermittelt.

Die Betonung des Ungewöhnlichen verspricht Erlebnisqualität – aber auch bei solchen Sonderformen wird meist darauf geachtet, dass innerhalb relativ kurzer Zeit viel abgehakt werden kann. Außerdem ändern die extremeren Erfahrungen nur wenig daran, dass sich die Abwechslung weithin in vertrautem und gut erschlossenem Gelände bewegt. Der Freizeitforscher Karlheinz Wöhler, der die Raumaneignung durch Touristen untersuchte, stellt die rhetorische Frage: „Was kann ein Mensch als Tourist in Deutschland anderes erfahren, was er nicht zuhause in Frankreich, Italien, Griechenland, Österreich und in der Türkei hat?" Tatsächlich bewegt man sich als Tourist ja weniger in spezifischen Kulturräumen als in einer neutralisiert-bunten Zone, die einem teilweise auch schon aus dem sonstigen Alltag bekannt ist. Noch einmal Wöhler: „Zuhause wie im Touristsein, etwa an der Costa Blanca oder bei einer Weinreise in Frankreich, trifft man Engländer, Niederländer und Schweden, und hier wie dort geht man, kosmopolitisch aufgeschlossen, abends in einer internationalen Bistrokette Sushi essen, wobei man von einer Ukrainerin bedient wird, die wiederum einen österreichischen Chef hat." Die nationalkulturelle Spezifik fügt sich ein in ein frei verfügbares exotisches Flair. Diese qualitative Neutralisierung provoziert aber fast zwangsläufig den Wunsch nach quantitativer Steigerung: möglichst viele Ergebnisse innerhalb der kurz bemessenen Frist der Urlaubsreise.

Wahrscheinlich lässt sich sogar die Behauptung wagen, dass Touristen vom Augenblick des Aufbruchs an Ergebnisse sammeln. Man lässt sich bei der Fahrt im Auto – und PKWs sind immer noch die am häufigsten genutzten Verkehrsmittel bei Urlaubsreisen – ja nicht einfach treiben, sondern reist in vorher programmierten oder sich aus der Verkehrsdichte ergebenden Etappen; man vergegenwärtigt sich Entfernungen, registriert gefahrene Kilometer und erreichte Zwischenziele.

Die Ausstattung mit Navigationsgeräten hat daran im Prinzip wenig geändert. Die Anstrengungen und eventuell Kalamitäten des Reisewegs spielen eine wichtige Rolle; die heimgekehrten Touristen springen bei ihren Berichten nur selten gleich in die Mitte der fremden Orte und Landschaften, fast immer beginnen sie mit Details ihrer Anfahrt und Rückreise. Das sind konkrete und gut vermittelbare Ergebnisse, und zwar relativ unabhängig vom Reisemittel – wenn jemand eine Flugreise unternommen hat, erfährt man ziemlich sicher, wie freundlich die Stewardessen waren, wie essbar die Menüs, und wie raumgreifend sich der dicke Sitznachbar verhalten hat.

Zur positiven Ergebnisbilanz trägt auch bei, dass Alltagstätigkeiten weniger beiläufig von statten gehen. Man hat zum Beispiel beobachtet, dass Männer im Urlaub länger zum Rasieren brauchen, und in Bezug auf Frauen wird ähnlich über den zeitlichen Aufwand für die Körperpflege geurteilt. Was unter den sonstigen normalen Umständen schnelle und kaum einmal reflektierte Routine ist, wird in dem anderen Umfeld manchmal fast schon zelebriert. Das gilt auch für die Mahlzeiten. Selbst Personen, die zuhause morgens nur eben rasch eine Tasse Kaffee hinunterstürzen, sehen in ihrem Hotelfrühstück einen richtigen Programmpunkt – manchmal freilich auch deshalb, weil sie dank dem üppigen morgendlichen Angebot das Mittagessen einsparen. Insgesamt lässt sich feststellen, dass für die Reiseerfahrung nicht nur und vielleicht nicht einmal in erster Linie die außerordentlichen Erlebnisse maßgebend sind, dass Urlauber vielmehr eine besondere Perspektive entwickeln, die auch Banalitäten ein Gewicht gibt. In diesem Zusammenhang lässt sich beispielsweise die Begegnung mit den temporären Nachbarn anführen – Zimmernachbarn, Zeltnachbarn, Nachbarn vom Liegeplatz am Pool oder am Strand. Die gleichen Bedingungen schaffen ein Gefühl der Gemeinsamkeit, das oft schnell in Verbrüderungsrituale mündet, die im allgemeinen folgenlos bleiben, weil mit der Abreise der Kontakt auch bei ernst gemeinten Wiedersehenswünschen meistens abbricht.

Zu den Ferienergebnissen gehören aber nicht nur die freundschaftlichen Kontakte, sondern auch Streitpunkte und Konkurrenzen. Wenn sich Feuilletonisten und Karikaturisten von den Massenurlaubern absetzen, zeichnen sie Bilder von den entnervenden Kämpfen, in denen Familien in einer überlaufenen Strandregion vergeblich die vordersten Uferreihen zu erreichen versuchen. In der kritischen Perspektive von außen soll dies zeigen, wie der angestrebte Erholungseffekt in der Massenbewegung versandet – Beispiel also für die in den Tourismus eingebaute Selbstzerstörung, die Hans Magnus Enzensberger schon vor einem halben Jahrhundert als *„Vergebliche Brandung der Ferne"* charakterisierte. Das ist, aufs Ganze gesehen, ja auch nicht einfach vom Tisch zu wischen; aber die Fairness gebietet die Feststellung, dass die Innenperspektive eine andere ist und dass jene Familien nicht verzweifeln (sonst würden sie und andere nicht Jahr für Jahr wieder an solchen Stränden landen), sondern dass sie in der Lage sind, die Auseinandersetzung um Sonnenschirme, Strandkörbe und Liegeflächen als eine Art Spiel zu betrachten, in dem auch die kleineren Ergebnisse zählen – etwa das Vorrücken von der zehnten in die neunte Reihe...

Ergebnisse mitnehmen: das ist die kaum reflektierte, aber wirksame Zielsetzung der Ferienreisen. Mitnehmen im Kopf, als Erinnerung und manchmal auch als Anstoß für alternative Verhaltensformen – wenn die Deutschen seit einiger Zeit schon im Februar die Freiluftcafés bevölkern, sobald auch nur ein schwacher Sonnenstrahl einfällt, hat dies gewiss mit ihren südlichen Urlaubserfahrungen zu tun. Aber man bringt die Ergebnisse auch in materialisierter Form nach Hause. Von den eigenen und manchmal auch gekauften Bildserien war schon die Rede. Aber mitgebracht, geschmuggelt manchmal, werden auch Nahrungs- und Genussmittel, die allerdings nicht selten in der anderen Umgebung auch anders schmecken – so, wie auch die Kiesel vom Strand und die eingesammelten Muscheln zuhause viel von ihrem Glanz verlieren. Und das gilt sogar auch von den Souvenirs, in denen man sich etwas von der fremden Atmosphäre auf Dauer sichern will. Für kurze Zeit repräsentieren sie erlebte Fremde; aber dann zeigt sich, dass es vor allem kurzlebige Trophäen waren – Reise-Ergebnisse, die inzwischen abgehakt sind. Das bedeutet nicht oder nur in seltenen Fällen, dass sie entsorgt werden; meist werden sie Teil einer Sammlung, die für die Besitzer die eine oder andere Erinnerung transportiert, die aber – als Sammlung – eigenen Gesetzen unterliegt.

# Sammelwut

Eigentlich kann man alles sammeln: Briefmarken, Bierdeckel, Gartenzwerge, Kakteen, Plüschtiere, Kronkorken, Zigarrenbauchbinden, Kunstbücher, Autokennzeichen, Wanderstocknägel, Hotelkofferaufkleber, Autogramme, Telefonkarten, Streichholzschachteln, Schneekugeln, Versteinerungen, Münzen. In Abhandlungen über die menschliche Leidenschaft des Sammelns kann man auch den neckischen Hinweis auf Casanova finden, der Frauen gesammelt hat – angeblich, tatsächlich war er ja darauf bedacht, sie schnell wieder los zu werden. Aber der Hinweis auf die kaum begrenzte Vielfalt der Sammelmöglichkeiten ist jedenfalls richtig. Es lässt sich nur schwer etwas finden, das noch nie jemand gesammelt hat. Schuhabstreifer? Radiergummis? Toilettenpapier? Wahrscheinlich haben sich selbst für solche Gegenstände Experten gefunden, die sich auf entsprechende Sammlungen spezialisiert haben. Es gibt Tauschbörsen und Sammlerclubs, in Deutschland werden fast tausend Sammlerjournale aufgelegt, die sich größtenteils auf ein einziges oder wenige Sammelgebiete konzentrieren, und auch in Tageszeitungen finden sich regelmäßig Angebote an Sammler und Suchanzeigen von Sammlern. Außerdem befördert das Internet die Sammelaktivitäten in vorher nie gekanntem Ausmaß.

Die Versuchung ist groß, angesichts der Vielfalt und Vielzahl der Sammeltätigkeiten einen einfachen Generalnenner dafür zu suchen. Das Sammeln gehöre, so kann man lesen, zur Grundausstattung des Menschen; der Sammeltrieb sei tief in unserer Psyche eingelagert, und schon unsere ältesten Vorfahren seien ja doch Jäger und Sammler gewesen. Aber das Stichwort Trieb dient häufig als Etikett, mit dem komplexe Verhaltensstrukturen weniger erklärt als überklebt werden – und gerade die Sammeltätigkeiten, welche die Forschung für die Altsteinzeit erschlossen hat, machen deutlich, wie schief die Verallgemeinerung ist. Das Sammeln von Pflanzen, Früchten und auch Kleintieren, das zusammen mit der Jagd den Menschen das Überleben sicherte, lässt sich vielleicht in Verbindung bringen mit der Nahrungssuche von Obdachlosen oder dem Horten von Vorräten, wie es auch jetzt noch in Krisenzeiten vorkommt, aber nicht mit der verbreiteten Lust am Sammeln von Objekten, die keinesfalls der unmittelbaren Existenzsicherung dienen. Diese moderne Form wird manchmal als *zweckfreies* Sammeln bezeichnet. Dagegen lässt sich nicht nur einwenden, dass das Sammeln in vielen Fällen ausdrücklich die Wissensvermehrung und indirekt daraus abgeleitetes Prestige zum Ziel hat, sondern auch, dass die Lust am Aufbau und Ausbau einer Sammlung in sich einen Zweck darstellt. Jedenfalls aber ist die hier anvisierte moderne Form des Sammelns ein Luxus.

Das wird auch durch die Geschichte dieser Art des Sammelns bezeugt. Sieht man von der Ansammlung religiöser Kultgegenstände in Kirchen und Kapellen ab, dann fängt das moderne Sammeln an mit den fürstlichen Kuriositätenka

binetten und Wunderkammern, in denen seit dem späten Mittelalter vor allem
Gegenstände aus fremden Kulturen zusammengetragen wurden; sie waren in
gewisser Hinsicht die Vorläufer unserer Museen. Später begannen auch reiche
Stadtbürger seltene Gegenstände zu sammeln; aber erst in der zweiten Hälfte
des 19. Jahrhunderts wird das Sammeln langsam zu einem bürgerlichen Frei-
zeitvergnügen, und erst im Verlauf des 20. Jahrhunderts wird es vollends demo-
kratisiert. Das von den Brüdern Grimm begründete und dann von kompetenten
Forschergruppen weitergeführte *„Deutsche Wörterbuch"* verzeichnet gewissen-
haft die nachweisbaren Belege und Bedeutungen für ein Wort. Der Band, in dem
das Lemma *„sammeln"* abgehandelt ist, erschien 1893; darin sind viele Beispiele
für das Sammeln von Vorräten, das Sammeln von Kräften, das (Ver-)Sammeln
von Personen angeführt, aber nur anhangweise wird vermerkt: „Objekte zusam-
mensuchen, die wissenschaftliches, künstlerisches Interesse haben oder der
Liebhaberei dienen" – mit dem einzigen Beleg: „Er sammelt fleißig für sein Her-
barium."

Heute dagegen löst das Stichwort *sammeln* in der Regel zuerst die Assozi-
ation der Liebhabereien aus, die ganz unterschiedliche Gegenstände in den
Mittelpunkt rücken. Für die Gegenwart ist es ein gesicherter Befund, dass die
Zahl aktiver Sammler außerordentlich groß ist. Prozentangaben taugen in diesem Fall wenig, da es kein sicheres Kriterium dafür gibt, wann und wo das Sammeln anfängt – ob man also schon davon sprechen sollte, wenn jemand vier, fünf
Souvenirs in einem Schrank aufbewahrt. Doch man kann unterstellen, dass die
Mehrzahl der in Deutschland lebenden Personen zumindest zeitweilig in irgendeiner Lebensphase einem Sammelhobby nachgegangen ist. Schließlich fängt das
Sammeln ja schon ziemlich früh in der Kindheit an. Schon vor der Schulzeit tragen Kinder kleine Schätze von Kastanien oder Eicheln, von Murmeln und Plastik-
figuren zusammen, und auf den Pausenhöfen (und auch in den Klassenzimmern)
schon der Grundschulen lassen sich hektische Tauschaktivitäten beobachten.

Die Sammelgebiete werden dabei meist von außen vorgegeben. Populäre
Sammelmoden wurden schon früh von Firmen angeheizt. Schon um die Wende
zum 20. Jahrhundert fügte die große Firma Stollwerck den zum Verkauf angebotenen Süßigkeiten Bildchen bei, für die Sammelalben bereitgestellt wurden;
Liebig zog mit Beigaben zu seinen Extrakten nach, und die Zigarettenfirma
Reemtsma brachte zu den Olympischen Spielen von 1932 und 1936 Bildserien
und Alben heraus, die besonders erfolgreich waren – von den Serien für die
beiden Bildbände zu den Berliner Spielen wurden rund zwei Millionen abgesetzt.
Das Bild der propagandistisch aufgeladenen nationalsozialistischen Sportfeste
wurde in der deutschen Bevölkerung sicher mehr als durch die selten vorgeführ-
ten Filme von Leni Riefenstahl durch diese Serien geprägt, schon deshalb, weil
sie in fleißiger Sammeltätigkeit erworben und geordnet werden mussten.

Inzwischen sind die Sportbildchen auch nicht mehr nur Beigaben zu verschiedenen Waren, sondern selbständiges Produkt einer global ausgerichteten Indus-

trie. Der Panini-Verlag im italienischen Modena bietet Bilder von den Spielern aller Bundesligamannschaften an, macht sein großes Geschäft aber vor allem im Umkreis internationaler Meisterschaften. Für die Fußballweltmeisterschaft 2014 wurden 640 Spieler aufgenommen und wurden rund 300 Millionen Bilder auf den Markt geworfen. Allein in Deutschland wurden über etwa 60 Grossisten 80.000 Händler beliefert. Es handelt sich um einen Markt, in dem sich eigene Modalitäten des Angebots und des Erwerbs herausgebildet haben. Die Bilder werden für immerhin 60 Cent pro Bild in kleinen Fünfer-Tütchen angeboten, sind also erst nach dem Öffnen erkennbar, und natürlich gibt es neben den Treffern, die in den ebenfalls angebotenen großen Alben landen, immer auch Dubletten – zwangsläufig immer mehr, je näher die Sammler dem endgültigen Erfolg kommen. Man hat errechnet, dass dieser Erfolg – das volle Album – erst nach dem Kauf von über tausend Tütchen einigermaßen wahrscheinlich wird. Aber es gibt ja nicht nur den Kauf; es entstanden regelrechte Tauschbörsen mit je verhandelbarer Währung – ein unbekannter Verteidiger aus Costarica kann mehr wert sein als ein deutscher Torjäger, wenn gerade sein Bild noch fehlt.

Bildchen sind nicht das Einzige, das eigens für das Sammeln auf den Markt gebracht wurde. In Frankreich breitete sich nach 1960 die *Copocléphilie* aus, das Sammeln von Schlüsselanhängern *(porte-clés)* aus Metall oder Plastik mit Werbeaufdrucken, Figurenschmuck oder Ornamenten. Die Zahl der Stücke, die in Umlauf waren, wurde auf 300 Millionen geschätzt; viele junge Leute legten Sammlungen an, bis die Welle wieder verebbte. Noch höhere Zahlenwerte könnten sicher für Überraschungseier angeführt werden, bei denen manche Kinder allerdings vor allem an der Schokolade interessiert sind, andere sich nur kurz mit den sonstigen Inhalten beschäftigen, wieder andere aber die im Innern versteckten Figuren und kleinen Geräte auch sammeln.

Dass die Sammeltätigkeiten oft von profitablen Industrien gesteuert werden, erklärt sicher zum Teil deren anhaltende Konjunktur. Aber es muss auch gefragt werden, was die Nachfrage stimuliert und stabilisiert. *Eine* Erklärung für die Dauerkonjunktur könnte darin liegen, dass sich heute im Gegensatz zu früher sehr viel mehr Gegenstände als Sammelobjekt anbieten. Führt man sich – vielleicht mit Hilfe eines Museumsbesuchs – vor Augen, wie bis ins 20. Jahrhundert hinein ein bäuerlicher oder kleinbürgerlicher Haushalt aussah, so wird deutlich, dass sich die Gegenstände auf das Notwendigste beschränkten und dass die meisten nur in der Einzahl vorhanden waren; das gilt sogar für alltägliche Kleidungsstücke, wie man detaillierten Erbverzeichnissen entnehmen kann. Inzwischen wird nicht nur sehr viel mehr für notwendig gehalten, sondern es sammeln sich auch fast von allein Gegenstände an, die absolut nicht oder nicht mehr notwendig sind. Damit gibt es auch mehr Ansatzmöglichkeiten für das Sammeln; manchmal wird von einzelnen Privatleuten oder auch von Jugendgruppen ein Sammelsurium von Objekten zusammengetragen, die in ihrer bunt-willkürlichen Mischung auf kuriose Weise Nostalgie ausstrahlen.

Die offiziellen Heimatmuseen sind allerdings von dieser anheimelnden Vermittlung des Alten abgerückt; aber auch sie sind mit der Fülle und Vielfalt der Gegenstände konfrontiert. Sie nutzen häufig die erweiterten Chancen für eine gezielte Ausrichtung, die ihrer Sammlung den Charakter des Besonderen verleihen soll. Als in der Zeit um 1970 die Welle der Museumsgründungen auch das letzte Dorf erfasst hatte und überall die gleichen Steinbeile, Tonkrüge und Dreschflegel zu sehen waren, setzte bezeichnenderweise eine auffällige Spezialisierung ein: Es gibt heute einen Ort mit einem Wurstmuseum, Orte mit einem Hosenmuseum, einem Rosenmuseum, einem Nachttopfmuseum, einem Knopfmuseum – und so fort. Teilweise beflügelte eine ähnliche, vermutlich noch weitergehende Spezialisierung aber auch das individuelle Sammeln.

Ähnlich wie die Museen halten auch private Sammler vielfach fest, was nicht mehr im Gebrauch ist. Die Innovationsgeschwindigkeit hat sich in vielen Bereichen gesteigert. Kleine technische Verbesserungen bewirken, dass Geräte und Apparate schon nach kurzer Zeit überholungsbedürftig und schnell überholt sind, und auch die Geschmackslenkung durch die Mode sorgt dafür, dass Dinge aus dem Verkehr gezogen werden. Gerade das kann aber als Aufschwung für das Sammeln wirken. Das praktisch Wertlose wird durch das Sammeln in einen neuen Wert verwandelt. Nicht unbedingt in einen materiellen Wert; dem Konservieren des Alten ist ja auch ein gewisser idealer Protest gegen die rasche Aussortierung eingeschrieben. Der Philosoph Hermann Lübbe hat diese kompensatorische Funktion für die Museen hervorgehoben und so deren Publikumserfolg erklärt, und man kann auch im individuellen Akt des Sammelns Widerspruch gegen die Wegwerfgesellschaft erkennen – ohne nennenswerte gesellschaftliche Folgen freilich, schon deshalb, weil das Hobby des Sammelns in den meisten Fällen im abgeschirmten Raum des Privaten verbleibt.

Man sollte allerdings die Möglichkeiten der Sinngebung für das Sammeln nicht überschätzen, weil man sonst die besondere Dynamik des Sammelns verkennt. Gewiss sind grundsätzlich Lernvorgänge mit den Sammelaktivitäten verknüpft; die Sammler vermehren mehr oder weniger automatisch ihr Wissen über ein kleines Spezialgebiet, in dem sie sich vielfach schon vorher gut auskannten. Aber wenn diese Wissensvermehrung das zentrale Ziel wäre, könnten sie sich auch auf einen gedruckten Überblick und auf Illustrationen zurückziehen. Tatsächlich mutiert das Interesse an einem bestimmten Sachgebiet – oft allmählich, manchmal aber auch recht schnell – zum Interesse am Sammeln. Am Beispiel erörtert: Unter den Sammlungen nehmen solche mit kleinen Modellen von Fahrzeugen einen großen Raum ein; die Interessenten werden dabei kontinuierlich bedient von Firmen, die entweder unter dem Dach der Produzenten der richtigen Fahrzeuge oder in eigener Regie die Mini-Ausgaben herstellen. Es ist nicht schlechterdings die Regel, aber erst recht nicht die Ausnahme, dass eine derartige Sammlung von einer realen Erfahrung ihren Ausgang nimmt, dass nämlich ein früher selbst gefahrenes Auto nach dem Umsteigen auf eine andere Version der gleichen oder auf eine andere Marke in Modellform ‚gerettet' wird. „Das war mein erster Wagen" – dieser Satz wurde bei Erhebungen zum Sammeln häufig notiert. Der erste richtige Wagen gerettet ins Kleinformat; aber es folgten dann andere Modelle, die mit der persönlichen Erfahrung und der emotional gefärbten Bindung nicht mehr viel zu tun hatten.

Zum Teil lebt das Sammeln von den Besonderheiten der einzelnen Sammelstücke und den persönlichen Assoziationen, die sich an die Stücke knüpfen. Dabei kann es sich um einen Bezug zu der durch ein Sammelstück repräsentierten Realwelt handeln – das erste Auto, der Lieblingsteddy aus der Kinderzeit, die vom Indientrip mitgebrachte Schiwa-Figur. Auch die Erinnerung an den glücklichen Erwerb eines lange gesuchten Sammelstücks kann eine Rolle spielen. Aber daneben und wahrscheinlich davor lebt das Sammeln vom Sammeln – von der oft zwanghaften Tendenz, weiterzumachen, die Sammlung zu erweitern durch das nächste Stück und noch ein Stück und noch eins. Jede Ergänzung ist ein Ergebnis, das eine gewisse Befriedigung auslöst, und das Jagen von einem Ergebnis zum nächsten lässt sich oft kaum bremsen – Sammeln kann süchtig machen. Eine gewisse Rolle spielt dabei der Gedanke der Vervollständigung, der aber meist illusorisch bleibt. In manchen Gebieten lassen sich Teilbereiche vollständig abdecken, wenn sie als Ganzheit deutlich abgegrenzt und überschaubar sind; für Briefmarkensammler ist beispielsweise meist der jeweilige ‚Satz' erstrebenswert, der ja immer nur wenige Marken umfasst; und jenseits dieser kleinsten Einheit tragen die seriös-ehrgeizigen Sammler auch nicht beliebige Stücke aus allen Weltregionen zusammen, sondern unterwerfen sich räumlichen und zeitlichen Beschränkungen: zum Beispiel nur Postwertzeichen aus den französischen Kolonien, nur Luftfahrtmotive, nur berühmte Musiker.

Die bei Kindern beliebten Bildchen sind vielfach so angeordnet, dass eine Sammlung durch Kauf und Tausch abgerundet werden kann. Dazu regt auch das Album mit den vorbereiteten Leerstellen an, das den Wunsch nach Vervollständigung wach hält. In vielen anderen Fällen aber rückt die anvisierte Vollständigkeit immer wieder weg, wenn ein Teilziel erreicht ist – sei es, weil weitere Stücke jetzt erst in den Horizont des vielleicht Erreichbaren kommen, oder sei es, weil der Produzent der Sammlerstücke neue Exemplare nachschiebt. Die Tendenz zum Erweitern der Sammlung wird dadurch kaum gefährdet; jedes neue Stück ist ein Ergebnis und stößt meist die Suche nach weiteren Ergebnissen an.

Diese extensive Tendenz steht in radikalem Widerspruch zum Begriff der inneren Sammlung, die gerade die Abkehr von Äußerlichkeiten und jedenfalls die Konzentration aufs Wesentliche betont – in diesem Sinn hat beispielsweise Klaus Mann seine von 1933 bis 1935 herausgegebene Exilzeitschrift *„Die Sammlung"* benannt. Man kann zwar eine Verbindung zwischen diesen polaren Gegensätzen herstellen, indem man auf die verbissene Konzentration verweist, mit der die Sammler in den meisten Fällen ihre selbstgestellte Aufgabe verfolgen; aber man wird einräumen, dass es sich dabei um eine Mühe handelt, die von wichtigeren Aufgaben abhält.

Ich habe hier immer die männliche Form *Sammler* verwendet – nicht aus Nachlässigkeit oder aus Prinzip; vielmehr habe ich dem Umstand Rechnung getragen, dass nachweislich die Zahl der Sammler mehr als doppelt so hoch ist wie die der Sammlerinnen. Eine optimistische Interpretation dieses Sachverhalts könnte darauf hinauslaufen, dass die Frauen mehr Verbindung mit dem praktischen Leben haben, dass sie keine Kompensation durch unnütze Basteleien und Anhäufungen nötig haben, dass sie ihr Selbstwertgefühl nicht durch den Besitz einer Sammlung absichern müssen. Wahrscheinlich bezeugt die Überzahl männlicher Sammler aber vor allem, dass diese nach wie vor von der häuslichen Tagesarbeit weitgehend freigestellt sind und sich deshalb mit abwechslungsreichen Nichtigkeiten abgeben können. Jedenfalls handelt es sich um ein oft leidenschaftliches Engagement, das niemand nützt. Niemand außer den Sammlern, die nicht nur immer neue Stücke sammeln, sondern auch Ergebnisse, die ihnen die Illusion eines Fortschritts verschaffen.

# Brauchtumsgalopp

Es ist nicht gerade die Regel, aber es kommt vor, dass man mitten im Spätherbst beim Einkauf im Supermarkt plötzlich eine schmelzende Weihnachtsmelodie hört, die sich von dem sonst eingesetzten munteren Gedudel der Hintergrundsmusik deutlich unterscheidet. Es ist die Ergänzung zu dem Warenangebot, das zunächst noch etwas verhalten, dann aber immer aufdringlicher präsentiert wird: Lebkuchen, Nikoläuse und Weihnachtsmänner aus Schokolade, ein Übermaß an bunten Kerzen und bald auch schon Christbaumschmuck – goldene und silberne Kugeln aus Glas oder Plastik, Engelfiguren und Lametta. Diese frühzeitige Einstimmung ist ein Thema, an dem sich nicht nur Jahr für Jahr Redaktionsvolontäre mit Kritik abarbeiten müssen; es wird auch in die alltäglichen Gespräche eingeführt – beiläufig nur, aber auch hier fast immer kritisch. Dabei kommt nur selten zur Sprache, dass die Nachfrage nach weihnachtlichen Dingen zwar durch die optischen und auch noch akustisch abgestützten Arrangements gezielt erzeugt wird, dass es diese Nachfrage aber jedenfalls gibt. Die gleichen Leute, die sich über die unpassenden Auslagen ereifern, greifen darauf zu und haben auch eine Entschuldigung parat – die Kinder und Enkelkinder freuen sich ja doch darüber, und eigentlich könnte man doch auch selbst ausprobieren, ob das Gebäck noch so nach Weihnachten schmeckt wie früher.

Die Kritik an den inflatorischen Inszenierungen der Vorweihnachtszeit schließt meistens die Überzeugung ein, dass damit das eigentliche Weihnachtsfest beeinträchtigt werde. In dieser verbreiteten Klage begegnen sich zwei verschiedene Motive. Auf der einen Seite geht es um die unverkennbare Tendenz zur Säkularisierung; mehr und mehr Menschen beurlauben sich vom christlichen Hintergrund des Fests und der religiösen Sinngebung, und es ist fraglich, ob man den einmaligen Andrang zu den Weihnachtsgottesdiensten zu den *kleinen Transzendenzen* rechnen darf, auf die nach Thomas Luckmann der religiöse Bedarf verlagert wird. Mit der Verweltlichung hat es in Bezug auf das Weihnachtsfest ohnehin eine besondere Bewandtnis. Die hochrangige Platzierung des Fests im deutschen (und wohl nicht nur im deutschen) Gefühlshaushalt ging Hand in Hand mit einer gewissen Entfernung von der christlichen Botschaft. Das höchste Kirchenfest war ja doch Ostern, und erst der Übergang in den bürgerlich-familiären Umkreis rückte Weihnachten an die erste Stelle. Auf dieses Fest konzentrierte man die großen Geschenke, in denen für die Kinder das Getriebe der äußeren Welt gespiegelt wurde: Puppenstuben und Puppenküchen für die Mädchen, Burgen und Eisenbahnen für die Knaben, aber auch „Trommel, Pfeife und Gewehr, Fahn und Säbel und noch mehr, ja ein ganzes Kriegesheer", wie es in einem Weihnachtslied heißt – aus der Feder Hoffmanns von Fallersleben, von dem bekanntlich auch das Deutschlandlied stammt.

Nach dem Zweiten Weltkrieg wurde eine Variante zu diesem Lied angeboten: „Bunte Lichter, Silberzier, Kind und Krippe, Schaf und Stier, Zottelbär und Pantertier…" Durchgesetzt hat sie sich nicht, wahrscheinlich war die pädagogische Reinigung allzu aufdringlich. Und was die Szenerie weihnachtlicher Wohnzimmer anlangt, so gibt es zwar auch Krippen mit dem biblischen und dem später hinzugefügten frommen Personal; aber meist fügen sich diese Gebilde ein in das ästhetische Dekor, dem überwiegend auch der Weihnachtsbaum zuzurechnen ist. Dafür spricht allein schon der alljährlich propagierte modische Wechsel in der Ausstattung, etwa in der Farbgebung für den Baumschmuck; und schon für den Adventskranz oder – neuerdings immer häufiger – das Adventsgesteck wird in der Werbung dekretiert, welche Farbe für Kerzen und Zierbänder en vogue ist.

Bedenkt man bei all diesen Entwicklungen, was sich schon in den letzten beiden Jahrhunderten anbahnte, dann kommt die aktuelle Kritik und das ganze sentimentale Bedauern etwas ins Rutschen. Mindestens ebenso wichtig dürfte deshalb die andere Ursache für Kritik und Unbehagen sein: die Überladung und die inszenierte Unausweichlichkeit. Was für die vorweihnachtlichen Übersteigerungen in Verkaufsräumen angedeutet wurde, findet seine Entsprechung ja auch in den Wohnungen und mehr noch in öffentlichen Demonstrationen. Aus den Wohnräumen drängt die Einstimmung ins Freie; Lichterketten schmücken die Balkone und Fenster, und wo Bäume im Vorgarten stehen, entwickelt sich oft ein regelrechter Wettbewerb zwischen den Nachbarn um die früheste und schönste Garnierung mit elektrischen Kerzen. Die taktischen Überlegungen zum Schenken (oder auch zum Nicht-Schenken) beanspruchen viel Aufmerksamkeit, und die Besorgung oder auch Herstellung von Geschenken fordert so viel Zeit, dass die vielzitierte Vorfreude oft ins Gegenteil umschlägt. Auch die in Städten und Dörfern obligatorische Ausschmückung der Straßen und Plätze wirkt nicht immer euphorisierend, sondern oft auch aufdringlich, penetrant. Zu denken ist auch an die Vorfeiern, die sich allenthalben durchgesetzt haben; Vereinsabteilungen und andere feste Gruppen treffen sich, Betriebsangehörige sitzen zusammen, Gaststätten locken mit besonderen Angeboten.

Was im Einzelnen manchmal durchaus Freude macht, erweist sich in solcher Massierung und Dichte als problematisch. Man kann die hektischen Festaktivitäten und die kontinuierliche Bemühung um eindrucksstarke Inszenierungen unter dem Begriff der *Eventisierung* zusammenfassen, zu dem eine ganze Reihe soziologischer und kulturwissenschaftlicher Untersuchungen vorgelegt wurde. Es handelt sich um ein Steigerungsphänomen; ständig werden Dinge und Vorgänge so aufgebaut, aufgebauscht und ins Licht gerückt, dass man ihnen kaum entgehen kann. Es ist der Versuch, das Umfeld der Menschen erlebnisstark zu machen; die Erlebnisangebote präsentieren sich in großer räumlicher und zeitlicher Dichte – und ebendies kann dazu führen, dass der Erlebnisgehalt schrumpft und dass auch in diesem Bereich oft nur noch Ergebnisse abgehakt werden.

Und das nicht nur zur Weihnachtszeit… Es muss kaum besonders betont werden, dass die Verdichtung inszenierter Ereignisse sehr häufig, fast könnte man sagen: immer und überall zu beobachten ist. Ältere Leute urteilen gelegentlich pauschal, die vielen schönen alten Bräuche seien weithin verloren gegangen. Solche Bemerkungen entstehen durch ein falsches Bild von der Vergangenheit, das dadurch zustande kam, dass in volkskundlichen Büchern und heimatkundlichen Feuilletons Bräuche aus dem ganzen Land nebeneinander gestellt und als durchgängige geschichtliche Realität verstanden wurden. Tatsächlich aber waren die in einem Ort üblichen Bräuche fast immer sehr spärlich – man kann auch sagen sparsam, weil die Dürftigkeit mit den dürftigen wirtschaftlichen Verhältnissen zusammenhing. Gemessen am Brauchkatalog der sogenannten guten alten Zeit besteht heute selbst in relativ kleinen Ortschaften ein ungemein reiches und dichtes Angebot kultureller Veranstaltungen, in dem traditionelle Bräuche allerdings nur einen Teil unter anderen ausmachen. Sinn und Ziel der Angebote und Aktivitäten ist, dass ständig etwas los ist.

*Etwas los* – das ist eine verschwommene Feststellung, aus der sich aber doch Einiges zur Motivation ablesen lässt. Der Ton liegt zunächst auf *los*: Gefragt ist eine Befreiung vom Trott des Alltags, ein kleiner Ausbruch aus den gewohnten Zwängen und Abläufen. Aber auch das *etwas* ist wichtig; es deutet auf eine gewisse Beliebigkeit. Natürlich ist es nicht völlig gleichgültig, was in Gang gesetzt und gefeiert wird; aber man ist dabei nicht immer wählerisch und nutzt viele Möglichkeiten.

Unter dem Stichwort *Jubiläum* lässt sich beispielsweise zeigen, wie viele Ableger und Verzweigungen sich entwickelt haben und wie Einmaliges zerbröselt in Wiederholungen. Städte und Dörfer fahnden nach der ersten urkundlichen Nennung und sind nicht unglücklich, wenn ein fleißiger Archivar kurze Zeit nach der 800-Jahr-Feier einen noch älteren Beleg entdeckt, der die Planung einer 1000-Jahr-Feier ermöglicht. Es bleibt allerdings bei größeren Zeitabständen. Die Bundesländer feiern sich in der Regel alle zehn Jahre; und beschleunigter geht es auch bei Vereinen zu; ein Zehn- oder gar Fünfjahresrhythmus ist hier keine Seltenheit.

Auch im privaten Bereich gibt es eine deutliche Steigerungstendenz. Lang bestehende Ehen wurden schon in früheren Jahrhunderten manchmal gefeiert; und in wohlhabenden Schichten begann man vereinzelt die traditionellen Termine zu halbieren, sodass zum Beispiel auch nach 12½ Jahren gefeiert wurde. Aber bis weit ins 20. Jahrhundert hinein wurden im Allgemeinen nur die Silberhochzeit nach 25 Jahren und dann die selten erreichten 50 Jahre (Goldene Hochzeit) und 60 Jahre (Diamantene Hochzeit) hervorgehoben. Heute ist dagegen das Netz der Anlässe sehr viel enger gespannt, und wer bei Wikipedia *Hochzeitstag* anklickt, findet dort eine sieben Seiten lange Liste mit Bezeichnungen für Feiern im Jahresabstand, beginnend mit *Bierhochzeit, Papierne Hochzeit, Baumwollene Hochzeit* für die ersten beiden Jahre, und endend mit der *Himmelshochzeit* bei hundertjähriger Dauer der Ehe. Man neigt zunächst zu der Annahme, dass die Vervielfachung auf die verminderte Haltbarkeit von Ehen reagiert, dass man also eine dichtere Festfolge vorsieht für die ersten Jahre einer Verbindung, und tatsächlich fallen hier die konkurrierenden Namen für gleiche Jubiläen auf; aber selbst jenseits der Goldenen Hochzeit werden Namens- und damit auch Feiervorschläge im Jahresabstand angeführt.

Das gängigste Jubiläum, das allerdings kaum unter diesem Namen firmiert, ist der Geburtstag. Der Abstand eines Jahres ist auch hier gegeben, und die Frage drängt sich auf, ob all die angeführten Jubiläumsbeispiele nicht eine ausgeprägte Ökonomie des Feierns beweisen und wenig dazu beitragen, dass immer *etwas los* ist. Aber man landet bereits bei einer höheren Frequenz, wenn man bedenkt, dass innerhalb einer Familie und erst recht innerhalb der weiteren Verwandtschaft mehrere Geburtstage anfallen und dass die Einladungen in aller Regel auch diese Grenze überschreiten und Freunde wie auch Bekannte und Nachbarn einbeziehen. Damit ist aber eine weitere Verdichtung angelegt, weil solche Einladungen fast immer auf Gegenseitigkeit ausgesprochen werden. Die Eltern jüngerer Kinder sind durch die Sequenz der Geburtstagsfeiern oft nicht nur zu ständiger Fahrbereitschaft verurteilt, sondern müssen sich auch in der Konkurrenz der Festgestaltung behaupten und im Wettbewerb des Schenkens zurechtfinden.

In ähnlicher Weise gilt dies auch für das Geburtstagsfeiern im Betrieb. Wenn in der Abteilung einer Behörde 25 Personen beschäftigt sind, ergibt sich die Rechnung, dass durchschnittlich jede zweite Woche am späten Vormittag oder am frühen Nachmittag Sektkorken knallen; und da bei jedem Personalwechsel der Aus- und der Einstand gefeiert werden muss und von Urlaubsrückkehrern erwartet wird, dass sie *einen ausgeben*, ist noch öfter *etwas los*. Gut fürs Betriebsklima, heißt es; aber bei den Beteiligten herrscht nicht nur Begeisterung – einmal deshalb, weil die gemeinsame Freizeit den Arbeitsdruck für die übrige Zeit erhöht, aber auch deshalb, weil im ‚ständigen' Feiern ein Widerspruch steckt: Die Dichte der kleinen Events kratzt an deren positiver Ausstrahlung; die Wiederholung der Rituale kann sie zur Routine degradieren.

Auch in den Städten wurden die kulturellen Angebote und Ereignisse vervielfacht. In den herkömmlichen Kultursparten gibt es mehr Auswahl und mehr Konkurrenz als früher – mehr Konzerte, mehr Theatergruppen, mehr Galerien; darüber hinaus ist man bemüht, den öffentlichen Raum zu *bespielen* mit Straßenmusik, Straßenmalerei und Ähnlichem. Das entwickelte sich Hand in Hand mit der kommunalen Verkaufswerbung, aber auch als Folge einer gezielten sozialen Öffnung – die Forderung einer *„Kultur für alle"* (so der Titel der Programmschrift von Hilmar Hoffmann) führte zu einer Vermehrung und stärkeren Diversifikation des kulturellen Angebots. Aber diese wirtschaftlichen und sozialen Impulse fügten sich ein in die generelle Tendenz zur Eventsteigerung und zur Verdichtung von Erlebnisangeboten.

Schon Marcel Proust schrieb in seinem großen Roman, die Muße habe „ein sportliches Aussehen bekommen, selbst außerhalb der eigentlich dem Sport gewidmeten Stunden, ein Aussehen, das sich nun nicht mehr in Nonchalance, sondern in einer fieberhaften Lebhaftigkeit zeigt, die der Langeweile weder Zeit noch Raum zur Entwicklung zu lassen meint." Ähnlich fasste Habermas in den 1960er Jahren seinen Begriff der *Konsumkultur*; er registrierte im kulturellen Bereich „Dimensionen eines Konsums, der alles in sich hineinschlingt". Mit dieser Beobachtung war vorweg genommen, was mit der Ausbreitung der *Spaßkultur* vollends deutlich wurde: Ständig müssen Events geboten werden, bei denen die mediale Bekanntheit der Akteure und die grelle Sensation der Aktionen im Vordergrund stehen. Die Events jagen einander und verlieren dadurch oft an Gewicht.

Private und öffentliche Jubiläen, offizielle Kultur, von kleineren Gruppen getragene Initiativen und die Formierung der Spaßgesellschaft – es leuchtet ein, dass hier statt der Steigerung auch eine Abschwächung der Wirksamkeit entstehen kann, dass also das dichte Nebeneinander von Erlebnisangeboten auch dazu führen kann, dass nur noch Ergebnisse in ihrer Dichte und Vielfalt wahrgenommen werden. Aber gelten für Bräuche nicht andere Voraussetzungen? Als Brauch werden ja Handlungsweisen bezeichnet, deren Sinn sich nicht in aktuellen Funktionen und Bedeutungen erschöpft, sondern für die das ‚Herkommen', die Überlieferung, wichtig ist und die ihre Geltung nicht zuletzt dieser Tradition verdanken. Der in der Überschrift verwendete Begriff Brauchtum unterstreicht diesen Zusammenhang; die Endsilbe fundiert den Brauch gewissermaßen fest in der Vergangenheit.

Bert Brecht forderte in der nationalsozialistischen Zeit die Poeten in einem Gedicht auf, nicht „volkstümlich" zu schreiben, „da das Instrument verstimmt ist" – so lautet die Überschrift des Gedichts, das mit der vielzitierten Feststellung: „Das Volk ist nicht tümlich" endet. Peter Hacks hat darauf aufmerksam gemacht, dass in dieser Richtung bereits in der zeitgenössischen Kritik an Friedrich Ludwig Jahn, dem Erfinder des Wortes *volkstümlich*, argumentiert wurde, unter Anderem mit dem ironischen Ersatzvorschlag *volksdümmlich*. Entschieden ist die Sache damit nicht. Brecht hatte das Arbeitervolk der großen Städte vor Augen, während das Tümliche mehr in der Provinz anzutreffen war. Und bedenkt man das massenhafte Echo, das beispielsweise die Arrangements der im Fernsehen ausgestrahlten und zur Wiedergabe angebotenen Volksmusik finden, so liegt die Reklamation nahe: Das Volk *ist*, zumindest in Teilen und streckenweise, tümlich. Das zeigt sich auch in der Heftigkeit, mit der Bräuche historisch begründet und so als traditionelles Brauch*tum* verstanden werden. Richtig ist allerdings, dass die Berufung auf Belege aus früher Zeit oder allgemein auf die Tradition in erster Linie als Aufgabe weniger Ideengeber und Funktionäre gesehen wird, während das Gros der Mitwirkenden von diesem Unter- und Überbau nur sehr sparsam oder gar nicht Gebrauch macht.

Auch das sogenannte Brauchtum, das mit dieser Bezeichnung als Besonderheit charakterisiert wird und für das durch eine feste Terminbindung eigentlich Einmaligkeit garantiert ist, tendiert zur Erweiterung und ist in vieler Hinsicht mobil geworden. Der Blick auf die Ausweitung von Weihnachten hat dies schon deutlich gemacht; gut demonstrieren lässt sich diese Tendenz auch an der Entwicklung der südwestdeutschen Fastnacht. Es handelt sich nicht um einen regionalen Sonderfall – ähnliche Tendenzen gibt es auch im rheinischen Karneval und im bayrischen Fasching. Aber das Ausmaß der Veränderungen ist im alemannisch-schwäbischen Gebiet besonders groß, und es ist gut dokumentiert. Hier entstehen seit den späten 1950er Jahren ständig neue Maskengruppen und ‚Narrenzünfte’, zuerst im Umkreis der Narrenorte, in denen das Fastnachtsbrauchtum schon lange gepflegt wurde, bald aber auch in Gebieten, in denen der Brauch nicht üblich und oft auch verpönt war – zunehmend auch in Orten, die früher rein evangelisch waren und sich deshalb von dem mit der katholischen Fastenzeit zusammenhängenden Brauch absetzten.

Für die neuen Gruppen wurden am Ort ein paar ‚Brauchtumsvorführungen’ als kleine Events erfunden oder aus der Nachbarschaft übernommen. Vor allem aber führte die große Zahl der entstandenen Maskengruppen dazu, dass sich diese in der engeren und bald auch in der weiteren Umgebung zeigen wollten. Die Narrentreffen, vorher nur ganz sparsam geplante Besuche in benachbarten Gemeinden, vervielfachten sich, und für die Mitglieder der Fastnachtsvereine jagen sich während der gesamten Fastnachtszeit, oft schon in der ersten Januarhälfte beginnend, die Fahrten zu solchen Treffen. Der Ehrgeiz der Veranstalter zielt auf die Beteiligung möglichst vieler Gruppen, und im Mittelpunkt des Programms stehen Umzüge, die oft Stunden dauern und bei denen sich die Maskenträger mit eingeübten Sprüngen und Schrittfolgen, manchmal auch mit einzelnen Themenwagen dem Publikum präsentieren. Das Fernsehen tut ein Übriges und übersät das Programm der Vorfastenzeit mit der Vorführung der Treffen – und registriert hohe Einschaltquoten.

Es soll nicht bestritten werden, dass so Einblicke in farbige Bilder ermöglicht werden. Die Kommentatoren liefern auch Erklärungen zum historischen Hintergrund, den man für die Ausgestaltung der Masken und für einzelne Vorführungen gesucht hat; im Fernsehen ist dafür ein kundiger Professor engagiert, und bei den Treffen selbst gibt oft ein lokaler Heimatforscher über das Mikrophon seine Erklärungen ab. Das ändert aber nur wenig daran, dass die Buntheit einer großen Gleichförmigkeit ausgeliefert ist – es gibt ja auch eine Monotonie der Abwechslung.

Dass eine ungebremste Reihung von Superlativen den Steigerungseffekt leicht in sein Gegenteil verkehrt, kann man an vielen öffentlichen Fest- und Lobreden ablesen. Und es gilt auch für die praktische Eventisierung, die auf immer mehr und immer stärkere Erlebnisse zielt. Brauchtum, das zum Galoppieren gebracht wird, vorgeführt in schnellen und oft grellen Inszenierungen, garantiert keineswegs das große Erlebnis, sondern vermittelt häufig vor allem eine rasche Folge von Ergebnissen. An ihrer Zahl und Dichte berauschen sich die aktiv Beteiligten oft mehr als am symbolischen Gehalt, und auch die Zuschauerinnen und Zuschauer messen daran den Erfolg.

# Spielglück

„Der Mensch spielt nur, wo er in voller Bedeutung des Wortes Mensch ist, und er ist nur da ganz Mensch, wo er spielt": einer der am häufigsten zitierten Sätze von Friedrich Schiller. Aber er passt nicht immer. Schillers Äußerung ist an sein Konzept der ästhetischen Erziehung gebunden; die entlastete Handlung des Spiels verwirklicht sich rein in der Kunst, in ihr sind Sinnlichkeit und Vernunft, dynamisches Leben und schöne Form versöhnt. Wenn Vorsitzende einer sportlichen Spielvereinigung das Schillerzitat in ihrer Festrede platzieren, ist das oft eher peinlich. Und wenn es ein Produzent von Computerspielen in seine Werbung nähme (möglicherweise ist das ja schon passiert), würde dies gewiss als Sakrileg attackiert. Dafür gibt es sicher gute Gründe. Aber man muss einräumen, dass das dem Spiel eingeschriebene Glücksgefühl der Befreiung von Belastungen und Zwängen der Realität auch bei dieser oft als trivial eingestuften Spielform präsent ist.

Angehörige der Bildungsschicht – und wahrscheinlich gilt dies für deutsche Gebildete besonders – haben lange gebraucht, bis sie die Inflation der neuen technischen Spielangebote überhaupt registriert haben. Inzwischen haben ihnen die Kinder deutlich gemacht, dass es so etwas gibt; selbst Eltern, die das Fernsehgerät aus der Wohnung verbannt hatten, erfuhren aus dem Wunschzettel ihrer Kinder, dass diese sich als Geschenk eine Spielkonsole oder ein neues PC-Spiel erhofften. Viele Erwachsene wurden auch durch ein paar statistische Zahlen aufgeschreckt: Für die ersten global erfolgreichen japanischen Spielkonsolen *Game Boy* und *Nintendo DS* wurde vor einigen Jahren Bilanz gezogen, und man landete bei rund 250 Millionen verkauften Exemplaren. Und eine empirische Untersuchung in England ergab, dass mehr als die Hälfte der zwischen Sechs- und 65-Jährigen, mit einem leichten Übergewicht des männlichen Geschlechts, regelmäßig Computerspiele macht. Die Frequenz ist selbstverständlich sehr verschieden, liegt aber in den meisten Fällen bei einmal in der Woche oder mehr und steigert sich bei einem beachtlichen Teil der Nutzer zu Gewohnheiten, die durchaus an Züge der Sucht erinnern.

Das kritische Urteil über die Computerspiele setzt großenteils hier an. Von der gefährlichen *Magie* der Spiele ist die Rede; das bezieht sich einerseits auf deren vielfach esoterische Gestaltung, andererseits auf ihre Verführungskraft, welche die Nutzer der eigentlichen Realität entfremden und sie von den alltäglichen Erfordernissen nicht nur vorübergehend entlasten, sondern auch auf Dauer entfernen kann. Die Gefahr ist gewiss gegeben, und die Steigerung zur Sucht stellt ein ernstes Problem dar. Aber in der ganz überwiegenden Mehrheit der Fälle balancieren die Spieler Realwelt und Spielwelt sicher aus.

Dabei ist das wechselseitige Verhältnis beider Bereiche vieldeutig. Jede Art des realen sozialen Kontakts und der Kommunikation enthält Elemente eines

Rollenspiels; der amerikanische Soziologe Erving Goffman hat dies gezeigt in der klassischen Abhandlung über die Präsentation des Selbst, die in der deutschen Übersetzung den sprechenden Titel *„Wir alle spielen Theater"* erhielt. Und dieses alltägliche Theaterspiel richtet sich auch an gespeicherten medialen Bildern aus. Andererseits sind auch die virtuellen Spiele nicht einfach irreal. Sie transportieren ja großenteils reale Elemente und Regeln. Das Spiel *Pong*, das als erstes Computerspiel gilt und schon über vier Jahrzehnte existiert, ist eine mediale Stilisierung von Ping-Pong, und es erfordert ein ähnlich schnelles Reaktionsvermögen wie reales Tischtennis. Auch die Fantasy-Szenerie komplexer Computerspiele ist nicht frei von realen Vorgaben. Der dänische Spielforscher Jesper Juul charakterisierte dieses Ineinander korrekt, als er seiner Untersuchung von Videospielen den Titel *„Half-Real"* gab, mit dem Untertitel: *„Video-games between real rules and fiction"*.

Das *between*, die Zwischenstellung, tritt dabei unterschiedlich in Erscheinung. Traditionelle Spiele werden durch Applikationen für iPad und iPhone ergänzt und so vor allem Kindern und Jugendlichen über die gewohnten Medien angeboten; die Spielehersteller setzen große Hoffnungen auf *Toys 3.0*. ‚Reales' Spielverhalten kann elektronisch gesteuert werden wie beim *Geocaching*, wo im Netz übermittelte Koordinaten die Erkundungsschritte im Gelände lenken und zu dort vorbereiteten Fundstellen führen. Vor allem aber werden reale Erfahrungen und Verhaltenstechniken in elektronische Spiele hineingetragen, wie sich ja auch die von den Nutzern erfundene Figurenwelt der Phantasiespiele an realen Erfahrungen und Wünschen mit orientiert. Das sind alles Hinweise darauf, dass die Begriffe *real* und *medial* keinen sich gegenseitig ausschließenden Gegensatz bezeichnen.

Allerdings bestimmt die Vorstellung dieses Gegensatzes weithin die Diskussion um die digitale Kommunikation und damit auch um die neuen Spielformen. Geht man von der Zweiteilung in reale und virtuelle Welt aus, so muss angemerkt werden, dass die Spieler im Allgemeinen die Fähigkeit haben, schnell und gewissermaßen rückstandslos zwischen beiden Welten zu wechseln. Eine schwedische Untersuchung über das Verhalten von durchaus leidenschaftlichen Computerspielern trägt als Überschrift eine Äußerung der in der Studie beobachteten Personen: *„Kom och ät! Jag ska bara dö först..."* – was man übersetzen könnte: „Komm, Zeit zum Essen! Ich muss bloß noch geschwind sterben...“

Damit ist ein Stichwort gefallen, das eine weitere Perspektive der Kritik öffnet. In vielen Computerspielen kommen die Gestalten auf dem Monitor um. Das kann die Ichfigur sein, also die Person, mit der man sich im Rollenspiel identifiziert; sehr viel häufiger sind es feindliche Gestalten, die nach den eingebauten Spielregeln unter allerlei Schwierigkeiten beseitigt, also getötet werden müssen. Kriminelle Vorgänge und vor allem kriegerische Szenen werden häufig ausgemalt und in bedrohliche Bewegung versetzt, und die Aufgabe des Spielers ist es, sich selbst offensiv zu verteidigen durch den Abschuss der Gegner. Es wäre naiv zu glauben, dass davon keine destruktiven Wirkungen ausgehen können. Die begriffliche Trennung zwischen Realwelt und medialer Spielwelt entspricht zwar dem gängigen Verständnis, verfehlt aber den tatsächlichen Modus unserer Erfahrung, die ja grundsätzlich und immer auch medial vermittelt ist. So ist nicht auszuschließen, dass, wer im Übermaß virtuellen Mord und Totschlag goutiert, auch sonst leichter Feindbilder produziert und sich auf aggressive Abwehr verlässt.

In die Gestaltung der Szenerie, der Bilderwelt aus realen und oft ins Phantastische und Mythische gesteigerten Elementen, wird einige Mühe investiert; über Computerspiele wird als *„Kunst der Zukunft"* diskutiert. Aber der Reiz der Ego-Shooter-Spiele liegt nicht allein und wohl nicht einmal primär in aufregenden Szenerien, sondern in einem elementareren Modus. Für die dem Spieler abgeforderten Fähigkeiten, die im Spiel gemessen werden, macht es praktisch keinen Unterschied, ob er auf menschliche ‚Feinde' schießt, ob er Raubtiere oder Moorhühner abknallt oder ob er kleine Blechbüchsen zu treffen sucht. Die Struktur des Spiels und damit auch ein großer Teil der dem Spiel eingewebten Erfahrung bleibt gleich. Der Spieler hat die Aufgabe und die Chance, fortgesetzt Treffer anzubringen; sein Ziel ist ein möglichst gutes Ergebnis, das in einer Verbesserung der strategischen Position gegenüber den Feinden bestehen kann, das aber fast immer gezählt und gemessen wird.

Es gibt Spiele, in denen der Akteur nach dem Erreichen eines bestimmten Spielstands auf ein neues *level*, eine höhere Ebene versetzt wird und dort mit größeren Schwierigkeitsgraden zu kämpfen hat. Bei manchen Spielen kann man sich außerdem an Rekorden orientieren – sei es am eigenen Rekord, an dem von Freunden oder an dem absoluten Rekord, der im Allgemeinen im Netz abgerufen werden kann. Aber die Faszination geht nicht nur von diesem Endergebnis aus, sondern davon, dass auf dem Weg dorthin die vielen Teilergebnisse ständig gegenwärtig sind: Jeder Treffer ist ein Ergebnis, und jeder Fehlschuss, jede ‚Fahrkarte', die den Spieler aus dem Rennen wirft, auch – das Ergebnis muss nicht positiv konnotiert sein. Wenn die Maschine in ihrer Unerbittlichkeit das Spiel wegen eines Fehlers abbricht, haben die Spieler und Spielerinnen in aller Regel die Möglichkeit, gleich neu anzusetzen und wieder auf den Stufen vieler Einzelergebnisse vorzurücken.

Dass die schnelle Erreichbarkeit von Ergebnissen ein wesentliches Motiv für die Spielfreude ist, machen Computerspiele deutlich, bei denen auf eine besondere Szenerie und auf den Einbau in eine eigene Handlung verzichtet wurde. Als Beispiel kann die Erfolgsgeschichte der *Candy Crush Saga* angeführt werden, bei der aus einem Angebot von in Farbe und Form unterschiedlichen Bonbons jeweils drei identische in eine Reihe gebracht werden müssen. Das ist ein Treffer und ermöglicht die Fortsetzung des Spiels. Es wurde nach einer kurzen Anlaufzeit in das Facebook-System eingespeist, was sicher die Resonanz steigerte, aber die führende Stellung – weltweit rechnet man mit etwa 15 Millionen

Nutzern am Tag – nicht erklärt. Das Wichtigste dürfte neben der leicht zu verstehenden Aufgabenstellung die Garantie rascher Ergebnisse und auch der implizite Wettkampfcharakter sein.

Die Trefferzahl geht bei vielen derartigen Spielen innerhalb kurzer Zeit in die Hunderte. Die enorme Beschleunigung der Abläufe und damit die Dichte der Teilergebnisse ist ein Charakteristikum vieler moderner Spiele. Es gilt beispielsweise auch für den Flipper und ähnliche Arrangements, und es gilt für die verschiedenen Automatenspiele, bei denen manche Inszenierungselemente und Mechanismen von Zeit zu Zeit ausgetauscht werden, deren Struktur aber ziemlich konstant bleibt: eine schnelle Abfolge von wechselnden Zwischenergebnissen, die am Ende entweder – im selteneren Fall – zum Gewinn führen oder zum Abbruch und meist zu weiteren Versuchen. Dabei ist jeweils ein finanzieller Einsatz notwendig; das ist *ein* Unterschied gegenüber den Computerspielen. Wichtiger noch dürfte sein, dass mit Geschicklichkeit bei den Automaten nur wenig zu erreichen ist. Es gibt also keinen Maßstab für den Erfolg, und offenbar trägt gerade das dazu bei, dass Automatenspieler in unkontrollierter Hoffnung auf Glück oft ihr ganzes Geld verspielen.

Das sind gewichtige Unterschiede; aber die Grundstruktur ist allen Spielen gemeinsam. Für sportliche Wettkämpfe und Spiele wurde das bereits angedeutet; es trifft aber auch zu für die häuslichen Spielformen, die man unter dem Begriff des *Gesellschaftsspiels* zusammenfasst. Sie tauchen, wenn in Zeitdiagnosen von Spielen die Rede ist, kaum einmal auf, obwohl sie nach wie vor sehr verbreitet sind – das kann an den Umsatzzahlen der großen Spielehersteller abgelesen werden. Bei einzelnen Spielen, so fast regelmäßig bei den als *Spiel des Jahres* ausgezeichneten, übersteigt der Absatz deutlich die Millionengrenze. Besonders erfolgreiche Spiele verschwinden auch nicht schnell wieder vom Markt; für das 1995 ausgezeichnete Spiel *Die Siedler von Catan* wird die Verkaufszahl inzwischen mit acht Millionen angegeben, wobei später eingeführte Variationen des Spiels mitgezählt wurden.

Das Durchschnittstempo dieser Spiele ist, im Vergleich mit den moderneren elektronischen Formen, geringer; aber auch hier ist der Aufbau so, dass die Mitspieler sich über eine längere Folge von Teilergebnissen auf ihr Ziel zubewegen. Das Ziel ist der Sieg über die anderen Spieler; aber zum Reiz und damit zum Spielglück trägt bei, dass über die ganze Spielstrecke weg Ergebnisse erreicht werden – wobei viele Spiele so angelegt sind, dass diese Zwischenergebnisse immer wieder auch Zwischenerfolge anzeigen, ohne dass damit der Enderfolg garantiert ist.

Wesentliche Unterschiede zwischen den diversen Gesellschaftsspielen kommen durch die verschiedene Mischung von Zufall und Fähigkeit zustande. Man kann drei Gruppen unterscheiden. Es gibt Spiele, die ganz überwiegend vom Zufall gesteuert werden wie beispielsweise viele Würfelspiele; ich vermeide den Begriff Glücksspiel, weil er meist nur auf die Gewinnspiele von Lotterien, Casinos und Spielhallen angewandt wird. Zweitens gibt es Gesellschaftsspiele, bei denen die zufälligen Vorgaben durch Geschicklichkeit genutzt oder korrigiert werden können; dabei kann es sich um physische Geschicklichkeit handeln wie schon beim Uraltspiel *Blinde Kuh*, häufiger aber ist gedankliche Leistung gefragt, die geschicktes taktisches und strategisches Verhalten steuert, etwa bei den meisten Kartenspielen: Ich habe es nicht in der Hand, welche Karten mir zugeteilt werden; aber ich habe es im günstigen Fall im Kopf, das Beste aus der Konstellation herauszuholen. Schließlich, drittens, gibt es Spiele, bei denen es ausschließlich oder ganz überwiegend auf das gedankliche Vermögen, auf Wissen und Kombinationsgabe ankommt wie bei vielen Ratespielen.

Man ist versucht und man hat versucht, aus dieser Dreiteilung Schlüsse auf den Bildungsgrad und indirekt auf den sozialen Rang der jeweils Beteiligten zu ziehen. Man landet damit aber schnell bei einem Dilemma: Die Zuordnung bestimmter Spiele ist schon deshalb problematisch, weil es bei einer ganzen Reihe von Spielen Angebote verschiedenen Niveaus und Schwierigkeitsgrades gibt. Bei vielen traditionellen Gesellschaftsspielen bleibt der durch die Spielanlage und die Spielregeln gesetzte Rahmen gleich; die Unterschiede im Niveau kommen durch die unterschiedlichen Fähigkeiten der Beteiligten zustande. So kann beispielsweise Schach, wenn nur die Spielregeln beachtet werden, korrekt und doch recht simpel gespielt werden; da das Spiel seit einiger Zeit auch mit großen Feldern in Parkanlagen und auf städtischen Plätzen ermöglicht wird, kann man dies als Zuschauer leicht verfolgen. Es besteht in diesem Punkt kein Unterschied gegenüber den Sportspielen; auch dort entsteht ein aufsteigender Grad von Schwierigkeit nicht durch die Veränderung der Spielanlage, sondern durch die Kompetenz der Beteiligten. Man kann Tennis spielen, ohne den Ball richtig zu treffen, und spielt doch das gleiche Spiel wie Rafael Nadal und Serena Williams: Das Regelwerk und die technischen Voraussetzungen sind im Prinzip gleich.

Anders verhält es sich mit populären Geschicklichkeits- und Ratespielen; bei ihnen – so könnte man zugespitzt sagen – richtet sich der Schwierigkeitsgrad nicht nach den Mitspielern, sondern die Mitspieler richten sich nach dem Schwierigkeitsgrad. Hier kann, bei gleich bleibender Grundstruktur, durch Erschwerung der einzelnen Aufgaben oder Fragen das Niveau drastisch verändert werden. Puzzles sind oft so einfach gestaltet, dass Kinder lang vor dem Schuleintritt damit zurecht kommen; sie werden aber auch mit verwirrend vielen Teilchen, komplexen Bildern und neuerdings häufiger in 3D-Form angeboten, sodass sie selbst für Erwachsene eine Herausforderung darstellen. Kreuzworträtsel finden sich in Zeitungen und Zeitschriften ganz unterschiedlichen Zuschnitts, in kostenlosen Kundenzeitschriften, aber auch in anspruchsvollen Journalen. Im ersten Fall übersteigen sie oft kaum das Anforderungsniveau der Wortkombinationsfiguren, mit denen schon in der Grundschule der Sprachunterricht etwas belebt wird; im andern Fall setzen sie meist beachtliches Wissen voraus und oft auch die manchmal explizit eingeforderte Fähigkeit, *um die Ecke zu denken* – indem nämlich mit Doppelbedeutungen und irreführenden Definitionen jongliert wird.

Die Beschäftigung mit den in Zeitschriften oder in besonderen Broschüren abgedruckten Rätseln (neben den nach wie vor dominierenden Kreuzworträtseln gibt es hier eine ganze Reihe anderer Sprachrätsel und auch Rechenaufgaben) steht allerdings ganz am Rande der Gesellschaftsspiele. Die Rätsel können von mehreren Personen gemeinsam gelöst werden; es ist keineswegs nur eine Lustspielszene, dass ein Ehepartner den andern, gerade in ein Buch vertieften fragt, was eine Kopfbedeckung mit drei Buchstaben und H am Anfang sein könnte. Sehr viel häufiger aber ist das Rätsellösen ein einsamer Zeitvertreib, während das Gesellschaftsspiel seinen Namen zu Recht trägt. „Spiel, an dem eine größere Gesellschaft teilnimmt", ist die wahrscheinlich früheste Definition, Anfang des 19. Jahrhunderts von Joachim Heinrich Campe in seinem Wörterbuch festgehalten. Einige wenige Spiele gab es schon vorher (ich habe *Blinde Kuh* erwähnt); aber die Menschen hatten wenig Zeit und Gelegenheit für solche Ablenkungen, und erst in der Epoche der Aufklärung breiteten sich häusliche Gesellschaftsspiele im Bürgertum aus. Die Freude am Spiel wurde zu einem wichtigen Bindemittel in den Familien, aber auch in den neu entstandenen Freundeskreisen. Der Psychologe Moritz Lazarus, der 1883 eine differenzierte Studie *„Über die Reize des Spiels"* veröffentlichte, hob diese Funktion hervor: „Wenn die Menschen zusammenkommen, um zu spielen, dann spielen sie doch oft genug nur, um zusammenzukommen."

Wichtige Erkenntnisse über das Gesellschaftsspiel hat auch Georg Simmel vor hundert Jahren beiläufig in seiner Skizze zur *„Soziologie der Geselligkeit"* vorgetragen. Er bezeichnet darin die Geselligkeit als „die Spielform der Vergesellschaftung" und sieht in der Welt der Geselligkeit „die einzige, in der eine Demokratie der Gleichberechtigten ohne Reibungen möglich ist". Das Gesellschaftsspiel ordnet er der Geselligkeit zu; es „hat den tieferen Doppelsinn, dass es nicht nur in einer Gesellschaft als seinem äußeren Träger gespielt wird, sondern dass mit ihm tatsächlich ‚Gesellschaft' ‚gespielt' wird." Geselligkeit funktioniert nur, solange sie entlastet ist von existenziellen Ernsthaftigkeiten (das ist auch das Geheimnis von small talk!), und das Gesellschaftsspiel importiert diese Entlastung in die verschiedensten sozialen Kreise, weil es nur in dieser Form der Entlastung möglich ist.

Einen gewissen Freiraum setzt es allerdings voraus: Zeit, die nicht von Arbeit und anderen Pflichten beansprucht wird, und die Möglichkeit zur neutralen, in der Regel freundschaftlichen Begegnung mehrerer Personen. Erst allmählich wurden viele Gesellschaftsspiele deshalb zu einer Freizeitoption auch der unteren Sozialschichten und in fast allen Milieus. Die Attraktivität der Spiele liegt zu großen Teilen in der ihnen eingeschriebenen Struktur, der schon geschilderten schnellen Abfolge von Ergebnissen. Noch einmal Lazarus: „in den Würfel-, Roulette- und Pharaospielen mit all ihren Variationen ist nichts weiter aufzufinden als die Seelenspannung durch die Frage: wird er sieben oder elf, eine kleine oder große Zahl werfen, welche Nummer wird fallen, welche Karte siegen, rot oder schwarz? Dieses Oder ist eine gewaltige psychologische Kraft, ist ein unwiderstehlich anziehender Magnet." Ein führender Spieleerfinder betonte vor kurzem in einem Interview, die Wartezeiten, während ein Anderer am Zug ist, dürften nicht zu lang werden. Das ist sicher richtig; aber auch die Zwischenergebnisse der Mitspieler werden verfolgt – es gibt keine wirkliche Pause. Die *Gesellschaft*, also die Beteiligung mehrerer Personen, potenziert die Orientierung an Ergebnissen; auch wenn der oder die Andere am Zug ist, kommt ein Ergebnis zustande, das man auf die weiteren Möglichkeiten der Gegenspieler hochrechnet und das auf die eigene Situation, die eigenen Spielchancen zurückwirkt. Der Reiz geht auch dann nicht verloren, wenn die eigenen Chancen kleiner werden, da es sich trotz der agonalen, der Wettkampf-Konstellation um eine im Prinzip neutrale, entlastete Kommunikation handelt: *Mensch ärgere dich nicht...*

Die unmittelbare soziale Wirkung, die Funktion des Bindemittels für vorgegebene oder im Spiel erst hergestellte Gruppierungen darf nicht unterschätzt werden. Mit einem gewissen Recht beklagt man, dass innerhalb der Familien die Gemeinsamkeiten immer weniger werden – teilweise aufgrund äußerer Bedingungen (das Mittagessen wird nicht nur von den arbeitenden Eltern, sondern auch von den Kindern oft auswärts eingenommen), teilweise aufgrund der immer stärkeren Ausdifferenzierung auch in diesem kleinen Verband; die Freizeitmöglichkeiten haben sich vervielfacht, und es ist die Ausnahme, wenn trotz Jogging und Yoga, Volkshochschul- und Malkursen, Musikstunden und Disco, Kino und Theater ein gemeinsames Abendessen zustande kommt. Die Gesellschaftsspiele sind hier ein gewisses Gegengewicht. Sie bilden auch eine Brücke zwischen den Generationen. Wo der Zufall regiert, sind die Chancen von Erwachsenen und Kindern gleich, und bei manchen Spielen, die physische Geschicklichkeit und gedankliche Wendigkeit erfordern, sind die Jüngeren oft überlegen. Das gilt für die Computerspiele, aber auch schon für ein einfaches Spiel wie Memory, bei dem Kinder schon im Vorschulalter meist eine bessere und raschere Merkfähigkeit beweisen als die Erwachsenen.

Es sind Abläufe im Sekundentakt, die dieses Spiel charakterisieren; Befriedigung entsteht mit jeder gefundenen Übereinstimmung zwischen einer zunächst verdeckten und einer schon aufgedeckten Karte, und die rasche Folge von positiven Ergebnissen löst auch dann kleine Glücksgefühle aus, wenn am Ende nicht der Sieg steht. Jedes einzelne Zwischenergebnis wird ja als eine Leistung erfahren; aber der Reiz liegt nicht *nur* im Bewusstsein dieser Leistung, sondern, etwas mechanischer, auch in der Sequenz von Ergebnissen. Es soll freilich nicht unterschlagen werden, dass in jüngster Zeit ein Schub der Intellektualisierung die Spielwelt umgemodelt hat: Ratespiele gibt es in ganz verschiedenen Modifikationen, und sie setzen sich in ihrem Wissensanspruch großteils von den alten, einfacheren Rätselformen ab. Es gibt Psychospiele, bei denen die Beantwortung der Fragen durch einen Spieler von den Mitspielern kalkulierend erschlossen werden muss; und die Fragen oder Aufgaben selbst erreichen oft einen beachtlichen Schwierigkeitsgrad.

In einem Spiel wie *Scrabble* wird die intellektuelle Steigerung besonders deutlich. Hier sind die Spieler nicht mit vorformulierten Fragen konfrontiert; sie sind frei in ihrer jeweiligen Entscheidung für ein einzusetzendes Wort, allerdings empfindlich eingeschränkt durch die kleine Zahl der ihnen zugeteilten Buchstaben (sieben oder acht); und sie sind abhängig von der Konstellation der bereits ausgelegten Wörter und deren Anschlussmöglichkeiten – in diesem Punkt abhängig vom Zufall und vom Können der mitspielenden Konkurrenten. Aber von ihnen ist nicht eine ganz bestimmte Antwort verlangt, sondern sie können prinzipiell jedes Wort aus ihrer kleinen Verfügungsmasse bilden – unter Beachtung der Regeln, es gelten also zum Beispiel nur Wörter, ‚die es gibt‘. Die Aufgabe stellt sich in jeder Runde neu; jedes Mal geht es um ein kleines Ergebnis, das Zufriedenheit auslöst, und dieses kontinuierliche Etappenglück trägt wesentlich zur Freude am Spiel bei. Außerdem werden die brauchbaren Wörter im Allgemeinen als Sinngebilde aufgenommen – es macht Vergnügen, wenn bei der Herstellung der Kreuzwege und bei der Überlegung, was zusammengesetzt werden kann, recht disparate Bedeutungen zusammenstoßen.

Diese Beobachtung trifft aber nur sehr bedingt zu, wo Scrabble als Wettkampfspiel ausgetragen wird. Eine Entwicklung vom gelegentlichen Hobby zum ernsthaften Leistungssport ist bei einer ganzen Reihe von Gesellschaftsspielen zu verfolgen; am bekanntesten ist die weite Skala im Schach, das im häuslichen Umkreis überwiegend zum Vergnügen, in Vereinen aber als ausgewiesener Wettkampf gespielt wird und das weltweit ausgetragene Meisterschaften kennt, über die in den großen Zeitungen – oft im Sportteil – berichtet wird. Die Entsprechung beim Scrabble ist weniger bekannt, aber es gibt sie. Ganz überwiegend handelt es sich um eine Beschäftigung von Hobbyspielern, die auf Wörter zurückgreifen, die sie ohnehin im Kopf haben. Aber es gibt auch Leistungssportler des Scrabblespiels, wohl kaum einmal ausgesprochene Profis, aber doch Menschen, die sehr viel Zeit in das Spiel investieren, die sich Wettkämpfe liefern und für die nicht interesseloses Vergnügen am Spiel, sondern die eigene Spielstärke und der angestrebte Sieg im Zentrum stehen.

Vermutlich gab es verschiedene Ansätze und Vorstufen zu dem Spiel, und es ist fraglich, ob sich diese Spuren alle auffinden lassen. Aber nach der einigermaßen bezeugten Entstehungslegende stand ein ausgeprägtes Interesse an Sprache, an Wörtern und der Grammatik am Anfang der Entwicklung: Ein amerikanischer Architekt suchte Ablenkung von seiner Arbeit durch das eifrige Studium von Lexika und der Grammatik; so kam er auf die Idee, selbst die Buchstaben zu Wörtern zusammen zu setzen und daraus ein Spiel zu machen, dem er nach einigen anderen Benennungsversuchen (u.a. *Criss-cross Words*) den Namen *Scrabble* gab. Seine Bemühungen um eine Vermarktung schlugen zuerst fehl; die Spielfabrikanten waren skeptisch. Dies lag wohl nicht nur an deren mangelnder ökonomischer Phantasie, sondern auch daran, dass das Spiel in Neuland führte und dass sich die Intellektualisierung der Spielwelt erst ankündigte. Nach einer längeren Zwischenphase stieg ein Geschäftsmann ein, und im Dezember 1948 wurde *Scrabble* als Warenzeichen eingetragen. Von da an verbreitete sich das Spiel über weite Teile der Welt als heiteres Gesellschaftsspiel, aber auch als ernstes Wettkampfspiel. Seit 1991 gibt es Weltmeisterschaften. In Deutschland existiert seit den 1970er Jahren ein Scrabble-Verband, der sein erstes Treffen gezielt am *Wört(h)ersee* durchführte und in dem inzwischen rund 5000 Scrabble-Clubs vereinigt sind.

Das Prinzip des Wettkampfs ist in der Spielanlage vorgegeben, und auch wer nur im privaten Kreis die eine oder andere Partie Scrabble spielt, begegnet Mitspielern, die verbissen um die Punkte ringen. Aber es macht doch einen Unterschied, ob das Agonale im gemeinsamen Vergnügen aufgehoben ist oder ob es fast ausschließlich die Intentionen bestimmt. Die andere Art der Spielweise ist gewissermaßen zur Kenntlichkeit entstellt, wenn einzelne Spieler bewusst versuchen, ihr Gedächtnis möglichst wenig mit dem Sinn der Wörter zu belasten und deshalb praktisch nur Buchstabenfolgen memorieren, deren Vorkommen sie vorher mit Hilfe von Wörterbüchern festgestellt haben. Einzelne Turnierspieler lernen offenbar anhand des Lexikons Wörter auswendig, wobei sie mit allen Zwei-Buchstaben-Wörtern (mit denen fast immer Anschluss zu gewinnen ist) beginnen und das Training dann mit dem Erlernen von Drei-Buchstaben-Wörtern und danach aufsteigend von längeren Buchstabensequenzen fortsetzen. Die Vermutung liegt nahe, dass in einer derartigen Systematisierung jegliches Vergnügen auf der Strecke bleibt. Ganz richtig ist diese Vermutung nicht – nicht nur, weil sich die Bedeutungsseite der Sprache nicht völlig ausblenden lässt und somit das Spiel immer wieder aus der Sphäre des Abstrakten und quasi Digitalen auf eine konkretere Ebene zurückgeholt wird, sondern auch deshalb, weil das fortgesetzte Erreichen neuer Ergebnisse und damit neuer Punktwerte auch dann Befriedigung verschafft, wenn mit unverstandenen Fertigteilen operiert wird, also mit Wörtern, deren Bedeutung man nicht kennt.

Im ‚normalen‘ Scrabblespiel trägt es zu den kleinen Glücksgefühlen bei, dass die Wörter zwar auf ihre Passgenauigkeit geprüft werden, dass aber dabei die Wortbedeutung mitgedacht wird. Doch das Vergnügen an der abstrakten Buchstabengeometrie fehlt keineswegs ganz. Die ständige Veränderung der Konstellation und das rasche Fortschreiten von einem Ergebnis zum nächsten garantieren in sich ein gewisses Vergnügen, unabhängig von den besonderen Aufgaben und Inhalten des Spiels. Dies ist ein Gewinn, der allen Gesellschaftsspielen strukturell eingeschrieben ist.

# Quiztreppe

Unter den populären Spielen nimmt das Quiz eine besondere Stellung ein. Es hat Eingang gefunden in das große Angebot von Gesellschaftsspielen für kleine Gruppen, und man kann sich mit Hilfe marktgängiger Disketten auch allein am Rechner mit Quizfragen beschäftigen; doch die prominenteste Erscheinungsform ist die öffentliche Vorführung mit ganz wenigen Mitspielern, aber Tausenden, ja Millionen von Zuschauerinnen und Zuschauern am Bildschirm. Die Resonanz der Quizsendungen ist erstaunlich. Ihre Quoten im Fernsehen lassen so gut wie alles zurück; sieht man von sporadischer Katastrophen-Berichterstattung ab, so sind es nur hochklassige und entscheidende Fußballspiele, die mit dem Quiz um die Zuschauergunst konkurrieren können. Das galt von Anfang an. Hans-Joachim Kulenkampff versammelte über mehrere Jahre rund 90% der Hörerinnen und Hörer, was natürlich auch daraus erklärbar ist, dass es noch nicht Dutzende von Sendekanälen gab, sondern zwei oder drei. Aber auch Jörg Pilawa holte an vier Wochentagen je zirka fünf Millionen an den Bildschirm, und Günther Jauch hatte lange Zeit ziemlich regelmäßig um die zehn Millionen Zuschauer, wobei bemerkenswert ist, dass davon fast ein Drittel junge Zuschauer (zwischen 14 und 49) waren. Bemerkenswert für den Sender, da es sich dabei um eine *werberelevante Gruppe* handelt (da sich also die Chancen zur Einwerbung von Werbespots erhöhen); aber bemerkenswert auch im Blick auf die Popularität des Quiz, das offenbar nicht nur spezielle Bevölkerungsgruppen bedient.

Die Menschen, die das Spektakel in ihren Wohnzimmern verfolgen, sehen ja nicht nur zu, sondern raten mit, beteiligen sich also am Spiel, auch wenn sie in die eigentliche Vorführung nicht eingreifen. Es handelt sich um ein Spiel mit unbegrenzten Möglichkeiten. In der Tendenz gilt das für jedes Spiel. Schon bei einfachen Brett- oder Kartenspielen ist die Kombinatorik jedes Mal neu; nur gewisse Elemente wiederholen sich („Verdammt, ich kriege heute nur schlechte Karten!..."), aber die Spielentwicklung wiederholt sich nie genau – das gilt für Schach wie für Fußball, für das Spiel mit Karten wie mit Murmeln. Der inhaltliche Rahmen ist jedoch wohl kaum irgendwo so weit wie beim Quiz, das ausgreift auf die ganze Welt – man kann nie sicher sein, ob die nächste Frage auf ein südamerikanisches Gebirge, ein chemisches Element, ein historisches Ereignis, die Übersetzung eines Fremdworts, ein musikalisches Werk oder ein literarisches Zitat zielt. In manchen Quizsendungen nehmen Fragen überhand, die andere Sendungen in den Blick nehmen; das war beispielsweise beim 2010 eingeführten „Duell", einer Vorabendsendung der ARD, der Fall; hier mussten regelmäßig Musiktitel, Filme und Fernsehstars erraten werden. Solche *Crossmedia* dienen natürlich zum Teil der Eigenwerbung und spiegeln die Verflechtung der Medien; aber sie ändern nichts am universalen Charakter des Quiz, da ja auch die Medien und ihre Inhalte zu unserer Wirklichkeit, unserem Universum gehören.

Jedenfalls überschreitet das Frage- und Antwortspiel die Horizonte, welche die Alltagserfahrung der Menschen eingrenzen. Kleines Protokoll einer kurzen Beobachtungsphase: Ich habe gelernt, dass Karneol keine Holzart ist, dass die Philippinen kein Staatsgebiet auf Borneo besitzen, dass man Cappuccino mit zwei p *und* mit zwei c schreibt, dass das Glühwürmchen ein Käfer ist, dass es eine Dampfschiffente gibt, dass Biene Maja im Reich von Königin Helene VIII. lebt, dass der Bourbonwhisky Mais enthält, dass Malta der kleinste Staat der EU ist, dass Ludwig Quidde der Friedensnobelpreis verliehen wurde, dass die Zwillinge der Band Tokio Hotel Tom und Bill heißen, dass Franziska Drohsel eine der Nachfolgerinnen von Gerhard Schröder ist (nämlich als Vorsitzende des SDS), dass Silikonbackformen ihren Einzug in die Küchen gehalten haben, dass Andenhorn keine chilenische Halbinsel, sondern eine Tomatensorte ist, und so immer weiter... All die Fragen, meine Überlegungen und zurecht gelegten Antwortversuche, die Bestätigungen oder Korrekturen durch Personen auf dem Bildschirm führten mich teils mehr teils weniger aus dem Gehäuse meiner Fachidiotie hinaus und lenkten meinen Blick in wenigstens einige Bereiche unserer weitläufigen und komplexen Realität. Das Quiz ist, optimistisch betrachtet, ein Stück Welteroberung und damit ein wichtiges Bildungsgut.

Aber ist das nicht ein sehr naiver Optimismus? In der Kritik wird oft herausgestellt, dass es sich um reine Wissensfragen handle. Dieser Einwand lässt sich teilweise parieren – Wissen ist ganz ohne Verständnis kaum generierbar und auch nicht regenerierbar. Aber richtig ist, dass die inneren Zusammenhänge sicher nicht immer begriffen werden; die Verästelung der Fragen (welche die Kandidaten bei ihrem Training im Vorfeld vorweg nehmen) führt dazu, dass Spartenwissen nur äußerlich angeeignet wird, sodass im negativen Fall lediglich Informationsmüll einer kurzen subjektiven Wiederverwertung zugeführt wird. Das gilt auch für die Zuschauer, die zwar immer wieder Potenzgefühle aufbauen können, wenn sie mehr wissen als die Kandidaten; aber das bedeutet nicht, dass sie die Inhalte immer in eine geordnete Wissensstruktur einfügen. Die Spannung und die innere Anteilnahme steigen, wenn die höheren Stufen und damit auch höhere Gewinnchancen erreicht werden; aber das Bedeutungsgewicht der Fragen wird im Verlauf der Prozedur nicht unbedingt größer. Oft ist es eher umgekehrt, weil die notwendige Erschwerung zur Folge hat, dass nach peripheren Details gefragt wird. Robert Gernhardt hat die Ausrichtung auf unnötiges Wissen auf seine Weise glossiert:

> „Steiner sprach zu Hermann Hesse:
> Nenn mir sieben Alpenpässe!
> Darauf fragte Hesse Steiner:
> Sag mal, Rudolf, reicht nicht einer?"

Nicht immer, aber fast immer wird die Erschwerung der Fragen erkauft mit Gewichtsminderungen. Die Fragen führen dann von relevanten, auch für den eigenen Umkreis wesentlichen Bereichen und Fakten zu unbekannten Details und oft recht abstrusen Exotismen. Man wird deshalb mit der Charakterisierung des Quiz als Bildungsgut vorsichtig sein müssen. Tatsächlich wird es häufiger kritisch als ein Medium der Halbbildung bezeichnet. Das Wörtchen *halb* hat im deutschen Sprachraum keine sehr glückliche Karriere gemacht. Was halbgar ist, ist nicht zu gebrauchen. Halblebig ist kaum besser als halbtot. Halbstark sind diejenigen, die fehlende innere Stärke durch äußere Aggressivität kompensieren. Als halbnackt werden im allgemeinen nicht Menschen am Badestrand charakterisiert, sondern Menschen (meist weiblichen Geschlechts), die textil übertrieben unterentwickelt auf einem Fest oder einer Party auftauchen und so in den Dunstkreis des Halbseidenen geraten. Halbwahrheiten schließlich können schlimmer und gefährlicher als Lügen sein. Halbwissen und Halbbildung fügen sich hier ein. Wenn zwei Halbgebildete zusammentreffen, addiert sich dies nicht zu Bildung, sondern zu Unsinn.

Thomas Bernhard schildert in seiner autobiographischen Skizze „*Ein Kind*" die Abneigung seines Großvaters, die zugleich seine eigene ist, „gegen das Umständegeschwätz" der ‚besseren Leute': „Er war nur von Halbgebildeten umgeben. Es ekelte ihn, wenn sie die Stimme erhoben. Bis an sein Lebensende hasste er ihren Artikulierungsdilettantismus. Wenn ein einfacher Mensch spricht, ist das eine Wohltat. Er redet, er schwätzt nicht. Je gebildeter die Leute werden, desto unerträglicher wird ihr Geschwätz. Ich richtete mich ganz aus nach diesen Sätzen. Einem Maurer, einem Holzfäller können wir zuhören, einem Gebildeten oder einem sogenannten Gebildeten, denn es gibt ja doch nur sogenannte Gebildete, nicht." Bernhard trifft sich in dieser Kritik mit Theodor W. Adorno, der vor mehr als einem halben Jahrhundert eine „*Theorie der Halbbildung*" entwickelte.

Für ihn ist Halbbildung die Perversion von Bildung. Aber halbgebildet sind für Adorno keineswegs nur diejenigen, die sich Banalitäten ausliefern, sondern auch, ja gerade diejenigen, die sich um Bildung bemühen: „Frisch-fröhliche Verbreitung von Bildung unter den herrschenden Bedingungen ist unmittelbar eins mit ihrer Vernichtung." Man würde das gerne als elitär-arrogante Äußerung abtun – aber ist es nicht wirklich so, dass uns die Kulturindustrie pausenlos mit abgeschliffenen Bruchstücken von Bildung versorgt, die uns zwar das Gefühl geben, wir hätten etwas in der Hand, die wir aber nicht zusammensetzen können? Ist Bildung nicht tatsächlich zum small talk verkommen, zur Attitüde des Mitredens und Dazugehörens (um noch einmal an Adorno anzuknüpfen)? Es ist anzunehmen, dass Adorno das Quiz nur deshalb nicht erwähnt, weil es zu jener Zeit noch nicht so populär war. Jedenfalls bildet es gewiss kein Serum gegen Halbbildung. Aber möglicherweise ist es geeignet, die überkommene und durch Adorno pointierte Vorstellung von Bildung und Halbbildung insgesamt ins Wanken zu bringen.

Bildung ist definiert durch das Maß der Aneignung von Kultur. Gebildet war, wer sich die zentralen Werte, die wichtigsten Ausformungen einer Kultur zueigen gemacht hatte. Die Möglichkeit von Bildung und ein sicheres Urteil über Bildung setzen deshalb voraus, dass Einigkeit über die Hierarchie kultureller Güter und Werte besteht. Und im Horizont der bürgerlichen Welt gab es tatsächlich einen Kanon von Bildungsgütern und Bildungsangeboten, die man (vorausgesetzt, man hatte das geistige Niveau und die Mittel) sich aneignen konnte, um gebildet zu werden – oder als gebildet zu gelten. Der Kanon war nicht ein für allemal definiert; die Ränder waren quasi ausgefranst, und immer wieder wurden Teile ausgewechselt; aber im Ganzen erwies sich der Kanon während der ganzen bürgerlichen Epoche als erstaunlich fest. Ein sprechendes Bild dafür bilden beispielsweise die Klassikerausgaben, oft im Goldschnitt, die sich regelmäßig in alten Bücherschränken finden; es war ziemlich klar, was und wer zu den Klassikern gehörte und wer nicht. Heute dagegen bilden auch die mancherlei Versuche, einen literarischen oder sonstigen Kanon zu bestimmen, nur eine Facette unter vielen im Kulturbetrieb. Es fehlt eine eindeutige Hierarchie, ein klarer Werteaufbau der Kultur.

Bildung war ein Distinktionsbereich, vielleicht *der* Distinktionsbereich. Den Gebildeten, die einigermaßen definierbar waren, standen Ungebildete gegenüber, deren Naivität man schätzte und denen man bestenfalls, als Trostpreis gewissermaßen, Herzensbildung zuerkannte, aber auch die Halbgebildeten, über deren vergebliche Klimmzüge man sich lustig machte – auf Witzfiguren wie Frau Raffke und Herrn Neureich, die immer wieder über Fremdwörter stolperten, konzentrierte sich der Spott. Und heute? Es ist immer noch einigermaßen lustig, von Frau Raffke zu hören, dass die Hochzeitsfeier ihrer Tochter mit einer Mayonnaise eröffnet wurde, dass ihr Gatte morgens im Büro die Direktricen verteilt und dass er seine Magenschmerzen heilte, indem er eine Comtesse auf seinen Bauch legte – aber die Distanzierung erfolgt nicht mehr von einer sicheren Plattform: Wir alle sind dem Schicksal der Halbbildung ausgesetzt; genauer: die Hälfte von Bildung und überhaupt ein präzise bestimmbarer Anteil an ihr sind nicht mehr erkennbar. Eben dies begünstigt das Quiz.

Das Quiz ist ein Volkssport. Den Fernsehleuten ist es mit diesem Format gelungen, die Bevölkerung nicht nur in allen Altersstufen und unabhängig vom Geschlecht anzusprechen, sondern auch in fast allen sozialen Gruppen und Schichten – was ja eigentlich bei einem solchen Hindernisrennen auf dem Bildungsgelände erstaunlich ist. Eine wesentliche Rolle spielt dabei, dass die Bildungslandschaft nicht mehr strikt hierarchisch geordnet ist. Eine Reihe von Soziologen sieht unsere Gesellschaft überhaupt nicht mehr nach Schichtzugehörigkeit gegliedert, sondern nach Lebensstilen, nach Milieus – horizontal und nicht mehr vertikal. Das ist sicher eine übertreibende These; die verschiedenen Milieus sind nicht unabhängig von der Schichtzugehörigkeit. Aber richtig ist, dass es eine Tendenz zu immer größeren Spezialisierungen nicht nur im Berufsleben, sondern auch in den generellen Lebensformen gibt – eine Spartenbildung, die auch eine Sparten*bildung* erzeugt, also ganz verschiedene, prinzipiell gleichberechtigte Bildungsprofile. Im Quiz werden diese wirksam gemischt, sodass für jeden etwas zur Sprache kommt.

Allerdings funktioniert dies, da es eben doch Relikte der hierarchischen Struktur gibt, vor allem deshalb, weil sich der Frageparcours meist in einer Stufung vom Einfachen zum Schwierigeren bewegt. Am Anfang stehen immer Fragen vom Zuschnitt, ob das Jahr 25, 52 oder 365 Wochen hat, oder, schon schwieriger, ob, wer andern eine Grube gräbt, selbst hineinfällt, kurze Beine hat oder des Hasen Tod ist. Übertroffen wird solche Simplizität noch von den Reklamemanagern, die das große Publikum zu kostenpflichtigen Anrufen verleiten mit Fragen in der Preisklasse von: Wem ist die Relativitätstheorie zu verdanken – Einstein oder Beckenbauer? Jedenfalls dürfte es kaum Zuschauer geben, die nicht im einen oder andern Fall schnell – vielleicht schneller als der aktuelle Kandidat – eine Frage beantworten können.

Die Zufriedenheit des großen Publikums ist aber nicht nur damit zu erklären, dass über die Fragen und Antworten Wissen transportiert wird. An der Popularität des Quiz sind sicher auch generelle Unterhaltungsmomente beteiligt. Dazu gehört die Garnierung mit musikalischen Leitmotiven und Lichteffekten, aber auch die Kombination aus raschem Austausch der Kandidaten und vertrauter Szenerie inklusive Moderator. Die Konstanz in diesem Bereich lässt den Eindruck eines industrialisierten Erlebnisprodukts zurücktreten; Günther Jauch kann noch so oft versichern, dass er nur der Vermittler ist, der Notar gewissermaßen – er erscheint als Souverän des Spiels, als Macher und nicht nur als Schiedsrichter. Ihm und, mit Abstrichen, auch den andern Moderatorinnen und Moderatoren traut man zu, dass sie jede der von ihnen präsentierten Fragen beantworten könnten.

Manche Reaktionen der Zuschauerinnen und Zuschauer sind nur sehr mittelbar von den Inhalten des Fragespiels abhängig. Man blickt auf die Kandidaten mit Sympathie oder Antipathie, wobei es sich nicht um starre Größen handelt; es kommt vor, dass man bei den ersten Schritten die sachliche Kälte eines Spielers negativ einschätzt, während man sie im fortschreitenden Wettkampf als Coolness bewundert. In der Regel freut man sich mit erfolgreichen Kandidaten (es ist positiv zu vermerken, dass dies die häufigere Reaktion ist), manchmal wartet man aber auch darauf, dass endlich eine falsche Antwort gegeben wird. Helmut Thoma, der eine reiche Medienerfahrung als Macher aufzuweisen hat, sagte in einem Interview über Castingshows: „Das Reizvolle daran ist doch, dass sich unsere Mitmenschen dabei blamieren." Beim Quiz spielt die Schadenfreude sicher eine kleinere Rolle; aber es kann doch ganz amüsant sein, wenn ein selbstsicherer Kandidat nach einer Serie richtiger Antworten in einer für ihn fremden Sparte gründlich schief liegt – wenn also beispielsweise ein versierter Professor keine Ahnung vom Mechanismus und den Teilen eines Autos hat. Befriedigung lösen auch die Vorentscheidungen der Kandidaten aus: Wird für das Spiel ein zusätzlicher Joker gewählt, obwohl damit das Risiko erhöhter Absturzgefahr verbunden ist, und wann werden Joker – und welche Joker – eingesetzt? Und natürlich fiebert das Publikum auch auf der Geldschiene mit; das bekannteste Quiz heißt ja nicht etwa „Die Luft wird dünner" oder „Der steile Aufstieg", sondern „Wer wird Millionär?"

Ich habe in diesem Abschnitt bisher das Stichwort *Ergebnis* vermieden, um nicht mit dieser neutralisierenden Formel an der Spezifik des Quiz vorbei zu zielen. Aber es ist klar, dass in diesem Spiel ständig mit Ergebnissen operiert wird. In einer Folge der Quizsendung *Wer wird Millionär?* werden durchschnittlich etwa 20 bis 25 Fragen gestellt, aber jeweils mit vier Antwortangeboten, also möglichen Ergebnissen. Das ergibt eine Zahl nahe 100 – jedenfalls erfolgen die Schritte relativ rasch hintereinander. Das begünstigt den Modus einer eher mechanischen Rezeption: Überwiegend reduziert sich (auch aufgrund der Kürze der Befassung) die Reaktion der Zuschauer aufs Abhaken: richtig oder falsch, weiterkommen oder ausscheiden. Das ist das eigentliche Ergebnis – entweder das Aus oder der Schritt in eine höhere Region. Die Fragen sind ja nicht nebeneinander platziert, sondern führen stufenförmig aufwärts. Natürlich werden die Inhalte nicht völlig ausgeblendet; aber je weiter man in die oberen Ränge vorrückt, umso wichtiger wird – auch für die Zuschauer – die Entscheidung *richtig* oder *falsch*. Dies zeigt sich auch darin, dass man schon nach wenigen Stunden Mühe hat, sich an den Inhalt einzelner Fragen zu erinnern, dass aber irgendwelche Kapriolen der Kandidaten, manche Zwischenschritte ihres finanziellen Aufstiegs und vor allem ihre Endergebnisse im Gedächtnis bleiben. Die schnelle Bewegung auf der Quiztreppe wird als Kletterpartie erlebt, als eine Folge mehr oder weniger rasch erzielter Ergebnisse bei ständiger Absturzgefahr.

# Ergebnis

In diesem Schlussabschnitt soll nicht der Versuch unternommen werden, die vorausgegangenen Beobachtungen und Überlegungen in wenigen Sätzen zusammenzufassen. Der Leitbegriff *Ergebnis* wurde für dieses Buch in der begründeten Hoffnung gewählt, damit in zentrale Bereiche der heutigen Alltagskultur vorzustoßen – verwendet wie der Lichtstrahl einer Taschenlampe, der bestimmte Ausschnitte genauer erhellt, der aber auch den Umkreis mit beleuchtet und verdeutlicht. Insofern übersteigt die Darstellung die bloße Überprüfung einer Theorie.

Die Annahme einer Ergebnisgesellschaft *ist* eine Theorie. Ich habe sie schon im Einleitungskapitel relativierend neben andere Theorien gestellt und damit deutlich gemacht, dass es sich nicht um eine allumfassende, Allgemeingültigkeit beanspruchende *grand theory* handeln kann, sondern – mit der Bezeichnung Robert K. Mertons – um eine *middle range theory*, eine Theorie mittlerer Reichweite. In seiner kritischen Abhandlung zur Farbenlehre schreibt Goethe, Theorien seien „gewöhnlich Übereilungen eines ungeduldigen Verstandes, der die Phänomene gern los sein möchte und an ihre Stelle deswegen Bilder, Begriffe, ja oft nur Worte einschiebt". Das ist ein Einwand, der auf die großen Theorien zielt, nicht auf die kleineren, die nahe bei den Phänomenen bleiben und keine Ausschließlichkeit behaupten.

Bert Brecht notierte einmal: „Ein Mann mit einer Theorie ist verloren. Er muss mehrere haben, vier, viele! Er muss sie sich in die Taschen stopfen wie Zeitungen, immer die neuesten, es lebt sich gut zwischen ihnen, man haust angenehm zwischen den Theorien." Eine Theorie ist keine Wunder- und Allzweckwaffe; richtig ist der Vergleich der Theorien mit verschiedenen Pfeilen im Köcher, von denen man mit dem Blick auf ein bestimmtes Ziel den richtigen wählen muss. Das bedeutet, dass die Treffsicherheit einer Theorie auch vom anvisierten Objekt abhängt. Das gilt durchaus für die in diesem Versuch behandelten Gegenstände; der mit dem Stichwort Ergebnis erfasste Befund ist sicher nicht in allen behandelten Sektoren gleich überzeugend. Ganz generell lässt sich einwenden, dass die Vorstellung einer Ergebnisgesellschaft eine Einheitlichkeit des Sozialgebildes unterstellt, die nicht der Realität entspricht.

Die verschiedenen Skizzen dieses Bandes ignorieren die gesellschaftlichen Unterschiede nicht, aber sie streifen sie nur und setzen sich nicht systematisch damit auseinander. Auf die differenzierende Einbeziehung der gravierenden Milieuunterschiede, wie sie Gerhard Schulze für die Erlebnisgesellschaft empirisch zu entwickeln suchte, musste in dieser Annäherung an die Ergebnisgesellschaft verzichtet werden, und auch neuere Einteilungen der modernen deutschen Gesellschaft wurden nicht einbezogen. Immerhin sei darauf hingewiesen, dass in den Gliederungsvorschlag der *Sinus Sociovision* Beobachtungen zur jeweiligen

Orientierung an Ergebnissen eingegangen sind, auch wenn das nicht ausdrücklich thematisiert wird – die dort ausgewiesenen Gruppen der Konsum-Materialisten, der Hedonisten, der Experimentalisten und der Modernen Performer pflegen auf je verschiedene Weise den raschen Umgang mit Ergebnissen.

Was den generalisierenden Ansatz rechtfertigt oder doch entschuldigt, ist die Tatsache, dass sich die Ergebnisorientierung als ein Muster erweist, das zwar hinsichtlich seiner konkreten Realisierung in unterschiedlichen Populationen unterschiedlich sein kann, das also in den verschiedenen Sozialschichten, aber auch in den unterschiedlichen Generationen und Geschlechtern eine eigene Form hat; dass mit dem Stichwort oder auch Schlagwort Ergebnis aber eine Tendenz angesprochen ist, die jedenfalls weite Teile unserer Gesellschaft und Kultur prägt. Ausgegrenzt bleiben bis zu einem gewissen Grad vor allem zwei Gruppen. Da der rasche Zugriff auf Ergebnisse manchmal ein Wohlstandsphänomen ist, ist er bei der großen und größer werdenden Gruppe der materiell Benachteiligten in manchen Bereichen unmöglich – konkret: Der Kontostand ist für Leute, die kein Sparbuch und oft sogar kein Konto haben, irreal. Das schließt aber nicht aus, dass das schnelle Abhaken von Ergebnissen in anderen Bereichen zur Alltagstechnik auch armer Menschen gehört. Die andere, sehr viel kleinere Gruppe, an der das Etikett Ergebnisgesellschaft nicht recht haften bleibt, ist die Aussteigerfraktion, die ,echte' Erlebnismöglichkeiten zu retten sucht und sich bewusst von den Möglichkeiten und Versuchungen der Ergebnisjagd abwendet. Vielleicht sollte man aber sagen: abzuwenden versucht, denn meistens wird die dauerreflektierte, meditative, konsumasketische Einstellung nur in Teilgebieten durchgehalten. Und außerdem bestätigt diese widerständige Gruppe mit ihren Anstrengungen und Gegenentwürfen die Dominanz des Ergebnisstils.

Was macht aber diesen Stil aus, welches Programm ist damit verbunden, und wie ist es einzuschätzen und zu beurteilen? Es erscheint notwendig, den keineswegs strikt definierten Begriff Ergebnis abschließend noch einmal in dem hier gezogenen theoretischen Rahmen genauer zu betrachten: Was bedeutet das breite Angebot und die schnelle Erreichbarkeit von Ergebnissen, und wie ist es zu bewerten, dass sich viele Menschen in dieser Ergebnislandschaft einrichten? Ich war bemüht, Formen der Ergebnisorientierung in verschiedenen Bereichen unseres alltäglichen Lebens aufzudecken und neutral zu schildern. Aber ich räume ein, dass ein deklassierender Unterton dabei nicht ganz vermieden wurde. Schon die sprachlichen Vorgaben weisen in diese Richtung; die *Ergebnisjagd* rückt leicht in eine ironische Perspektive, die auch Charakterisierungen wie *Sammelwut* oder *Spaßkultur* bestimmt, und wenn vom *Abhaken* der Ergebnisse gesprochen wird, dann schließt dies ein, dass eine volle, umfassende Begegnung nicht gewollt oder nicht möglich war – der Blick wird auf die Flüchtigkeit und damit auf einen empfindlichen Mangel gelenkt. Diese Gravitation zum Negativen in der Einschätzung verlangt ein gewisses Gegengewicht.

Man kann bei der Ergebnisorientierung, wie sie hier beschrieben wurde, einigermaßen systematisch drei Arten unterscheiden. Es gibt einen schnellen Umgang mit Ergebnissen, der nicht nur durch Rahmenbedingungen erzwungen, sondern bewusst angestrebt ist und positiv auf die entsprechende Kapazität verweist. Der gemächlich-gründliche Umgang mit einer Situation oder einem Problem kann sinnvoll sein, garantiert aber keineswegs immer bessere Qualität als die rasche Auseinandersetzung. In Nietzsches *„Fröhlicher Wissenschaft"* findet sich die Bemerkung: „Die Langsamen der Erkenntnis meinen, die Langsamkeit gehöre zur Erkenntnis." Es gibt vermehrt Aufgaben, die schnelles Begreifen und unmittelbare Konsequenzen fordern, und es gibt Personen, die in ihren Bezugsfeldern erstaunlich rasch von Ergebnis zu Ergebnis – im Sinne von Lösungen – fortschreiten. Nicht alle sind beispielsweise dem Übermaß von Informationen mehr oder weniger hilflos ausgesetzt. Vor allem viele Jugendliche und selbst Kinder verblüffen oft durch ihren Umgang mit Informationen, der sie keineswegs auf gestaltlose Fragmentierungen zurückwirft; sie wissen, wo sie andocken können, und die Ergebnisse summieren sich teilweise zu solidem Wissen. Oft wird eine entsprechende Fähigkeit und Reaktionsgeschwindigkeit auch ausdrücklich verlangt; in Quiz- und Fragespiele sind beispielsweise vielfach Zeitgrenzen eingebaut, müssen die Aufgaben also innerhalb einer streng limitierten Spanne gelöst werden.

In vielen Fällen – und hier handelt es sich um eine zweite Spielart – ist das rasche Fortschreiten von Ergebnis zu Ergebnis unvermeidlich, aber fragwürdig. Am geschilderten Beispiel der Besichtigungstouren wird dies deutlich: Der schnell getaktete Gang von einer Sehenswürdigkeit zur nächsten – wie etwa bei Führungen in mit Meisterwerken bestückten Museen – erlaubt nur wenige Blicke und verweigert oft die Möglichkeit genaueren Verständnisses und tieferen Erlebens. Es ist durchaus denkbar, dass sich dank der objektiv gesetzten zeitlichen Einschränkung mitunter auch das subjektive Vermögen schnelleren Wahrnehmens und Verstehens entwickelt; aber häufiger dürfte die Folge sein, dass die Flüchtigkeit der Begegnung zur Gewohnheit wird, zumal sie ja in vielen Bereichen schon durch die äußeren Bedingungen vorgezeichnet ist.

Schließlich gibt es, drittens, Konstellationen, in denen der rasche und meist unreflektierte Zugriff auf Ergebnisse nicht durch äußere Zwänge provoziert, aber doch in großem Umfang praktiziert wird. Ich erinnere an die Sportergebnisse. Sportliebhaber richten sich nicht nur in ihrer aktiven Praxis nach Ergebnissen; auch jenseits davon treten Ergebnisse dem Publikum auf allen erdenklichen Wegen der Informationsverbreitung in massiver und ausgedehnter Form gegenüber. Fernsehsendungen von großen sportlichen Events verdrängen oft sogar beliebte Unterhaltungssendungen, und der Sportteil beansprucht in vielen Zeitungen erheblichen Raum. Aber es besteht kein direkter Zwang, die betreffenden Übertragungen anzusehen und anzuhören und am Montag die vielen Ergebnislisten und

Tabellen zu studieren – und doch ist dies nachweislich für Viele eine eingefahrene Übung.

Auch in diesem Bereich, in dem die Präsenz rasch registrierter Ergebnisse besonders offenkundig ist, darf man aber beim Befund einer irrationalen Ergebnissucht nicht stehen bleiben. Was hochtrabend als Theorie bezeichnet wurde, ist ja auch ein Tick: Der Blick verengt sich, und man läuft Gefahr, all das auszublenden, das sich nicht in die dominant gesetzte Perspektive fügt. Es dürfte nur relativ wenige sportliche Allesfresser geben, die jede Notiz aus dem Sportbereich zur schnellen Kenntnis nehmen; fast immer sind Interessen im Spiel, die Konzentration auf bestimmte Sportarten oder auch die an der Qualität und der regionalen Zugehörigkeit orientierte Aufmerksamkeit – ein Münchner Fußballfreund wird kaum den Tabellenstand der Volleyballer in der niedersächsischen Regionalliga zur Kenntnis nehmen. Diese Feststellung impliziert, dass das schnelle Abrufen von Ergebnissen sich eben doch nicht in diesem Vorgang des Abrufens erschöpfen muss. Wo es sich um eigene Ergebnisse handelt, steuert deren kontinuierliche Kenntnisnahme die künftige sportliche Aktivität; und das rasche Aufnehmen fremder Ergebnisse muss nicht die Vorstufe zum raschen Vergessen, sondern kann in manchen Fällen auch eine Wissensgrundlage sein für die Einschätzung bevorstehender Wettkämpfe und Ergebnisse.

Die Annahme einer sich im Augenblick des Vollzugs erschöpfenden Ergebnisorientierung wird damit nicht aus den Angeln gehoben, aber doch relativiert. Zu beachten ist nicht nur, dass manche Personen in bestimmten Feldern und manchmal auch grundsätzlich mit Ergebnissen bedachter, reflektierter umgehen; vielmehr ist auch damit zu rechnen, dass in der Konfrontation mit Ergebnissen verschiedene Motive nebeneinander stehen und auch ineinander übergehen können. Es gibt eine starke Neigung, Handlungen auf *ein* Motiv festzulegen; im Operieren mit verschiedenen *Trieben* wird diese Eingleisigkeit zudem in den Bereich schwer zugänglicher Instinkte verlagert. Tatsächlich ist aber immer mit einem Motivationsgitter zu rechnen, in dem auch gegensätzliche Tendenzen zur Geltung kommen. Auch die Ergebnisgesellschaft (um diese Kürzel noch einmal anzuführen) folgt nicht einem einheitlichen Trieb, sondern wird provoziert durch Vorgaben der objektiven Entwicklung und gesteuert von differenten subjektiven Motiven.

Mit einem bisher nicht angeführten Beispiel (das aber den Beobachtungen zur *Rennkost* hätte angeschlossen werden können) soll dies etwas genauer vorgeführt werden. Das *Rauchen*, das nach wie vor so verbreitet ist, dass fast alle Leute gelegentlich zumindest passiv damit zu tun haben, bietet sicher ein Exempel für ein relativ schnelles Abhaken von Ergebnissen, das folgenlos bleibt – wenn man von den erst in größerem zeitlichen Abstand drohenden gesundheitlichen Folgen absieht. Dass die Ergebnisse – eine Zigarette und wieder eine Zigarette und noch eine Zigarette – ganz überwiegend in einem gewissen Automatismus realisiert werden, ist kaum zu bestreiten. Es muss aber keine Ausrede sein, wenn Raucherinnen und Raucher daneben andere, manchmal sehr seriöse Motive ins Feld führen. Es gibt ja doch eine ganze Reihe mehr oder weniger poetischer Äußerungen über das Rauchen, die nicht als Verteidigung gegen die drastische Ausmalung von Krankheitsprognosen entstanden sind, sondern als selbstgenügsame Würdigung einer Gewohnheit.

Der schon im Eingangskapitel zitierte Norbert Einstein hat seinen vor knapp hundert Jahren verfassten *„Aufsätzen zum Wesen der Gesellschaft"* auch einen über die Zigarette beigefügt. Er ist überzeugt, dass „niemand daran denken könne, am öffentlichen Rauchen des Mannes Anstoß zu nehmen", und die An-erkennung rauchender Frauen sieht er auf einem guten Weg. Er schreibt ganz aus der Perspektive der Raucher und hält Ausschau nach Implikationen des Rau-chens, die dieses nicht nur rechtfertigen, sondern auszeichnen. Zwar räumt er ein, die Zigarette erreiche „am tiefsten jenen Eindruck, der zur Betrachtung An-lass gibt, das Leben charakterisiere sich durch eine Flüchtigkeit", und er sieht, dass „die leidenschaftliche Liebe zum Tabak" keineswegs bei allen Rauchern „die treibende Kraft" ist: „Das Zigarettenrauchen stellt sich in der Überzahl der Fälle als unbewusste Nachahmung einer allgemein üblichen Handlungsweise dar." Aber diese Nachahmung dient einem höheren Ziel: „Die Zigarette ist in einem übertragenen Sinne höchst sozial." Das demonstriert er zunächst an der kon-kreten Situation: „Der feine Rauch, der von ihr aufgeht, legt eine gemeinsame Sphäre um alle, die dieser Rauch einhüllt" – wobei er überzeugt ist, dass der gemeinsame Dunst „selbst die nicht Glimmenden" erfreut. Und er übernimmt diesen situativen Eindruck in die Architektur der ganzen Gesellschaft; ihm er-scheint „die Leistung der Zigarette symbolisch als eine Quelle dafür, die Diskre-panz zwischen Vielheit und Individuum aus der Welt zu schaffen".

Auch wenn man diese weitreichende Qualität in Zweifel zieht, wird man die Möglichkeit sozialen Behagens im gemeinsamen Dunst kaum bestreiten. Aber dass sie nicht die einzige Motivation ist, geht schon aus der Vielzahl einzelner und einsamer Raucher hervor, die ja nicht erst die Einschränkung öffentlichen Rauchens hervorgebracht hat. Norbert Einsteins Betrachtung muss ergänzt werden, und hier ist die Erklärung eines Mannes hilfreich, von dem man sol-che Überlegungen nicht ohne weiteres erwartet: Johann Peter Hebel. Er hat für seinen weit verbreiteten Hauskalender nicht nur wunderschöne kleine Ge-schichten geschrieben, sondern auch populäre Abhandlungen zu verschiedenen Wissensfragen, darunter auch einen Text *„Vom Tabakrauchen"*. Er moniert, von den Rauchern wisse „fast keiner Rechenschaft zu geben, was der Sinn des Ge-schmackes Angenehmes dabei empfinde, wie ihm der stinkende Rauch dieses Krautes Bedürfnis sei". Dass es zur Zeit Hebels noch keine Zigaretten gab und er sich auf das auch von ihm geübte Pfeifenrauchen bezog, markiert nur einen graduellen Unterschied; die aufgeworfene Frage behält ihre Gültigkeit – und auch die ebenso einfache wie differenzierte Antwort Hebels. Er beschreibt, wie die Sinne des Menschen ständig einen Zustand der Aktivierung suchen. Dem

Auge ist gänzliche Finsternis lästig, der Tastsinn und der Geruchssinn wollen beschäftigt werden, und ebenso das Ohr, für dessen Reiz und Anregung Hebel eine ganze Reihe hübscher Beobachtungen bereit hält: „Ein unaufhörliches Geräusch gibt ihm den ganzen Tag über Beschäftigung, sei es auch nur unser eigener Fußtritt, unseres Atmens Rauschen, ob wir gleich teils kein positives Vergnügen empfinden, uns des Hörens nicht einmal bewusst sind. Unwillkürlich klimpern wir eher mit den Fingern, rauschen mit einem Papierchen, schleppen, wo wir einsam gehen, den Stock auf dem Boden nach, dass er rassele, oder schwingen ihn etwa einmal in der Luft herum, dass er sause, sprechen ein paar laute Worte, tun einen einem lauten Seufzer ähnlichen Atemzug, singen oder pfeifen, wecken irgendeinen Schall in der Luft und fühlen ein dumpfes Wohlbehagen dabei." Der Mensch hat die Möglichkeit, bei Bedarf selbst entsprechende Sinnesreizungen zu produzieren; das gilt für alle Sinne, es gilt auch, um den Kreis zu schließen, für den Geschmackssinn – und hier schafft jenseits der Nahrungsaufnahme das Tabakrauchen Befriedigung.

Hebel resümiert: „Was hat die seltsame Gewohnheit Angenehmes? Worin besteht das Vergnügen davon?" Seine Antwort: „Positiv in nichts." Damit rückt er das Verhalten der Raucher und seine Hintergründe nahe an die Ergebnis-Hypothese heran, die ja auch weniger auf benennbare Motive als auf den Automatismus eingefahrener Gewohnheit zielt. Die Kulturtechnik flüchtiger Ergebnisorientierung ist eine Antwort auf die Vielzahl der Möglichkeiten und die hohe Frequenz angebotener Reize.

Das zuletzt etwas ausführlicher präsentierte Beispiel des Rauchens hat aber deutlich gemacht, dass auch das bloße Erledigen von Ergebnissen nicht völlig getrennt von substanziellen Begleiterscheinungen gesehen werden muss. Das gilt in allen Bereichen. Die kontinuierliche Aufmerksamkeit auf den Kontostand ist, mehrstellige Zahlenwerte auf der Habenseite vorausgesetzt, oft in sich eine Quelle der Befriedigung; sie kann aber auch auf konkrete Erwerbswünsche gerichtet sein. Das extensive Interesse an den eigenen Krankendaten, vielfach ein folgenloses Registrieren unverstandener diagnostischer Befunde und therapeutischer Ansätze, kann auch ein Ausdruck des sorgfältigen Umgangs mit dem eigenen Körper sein. Der ungebremste Konsum erotischer Bilder und Texte, vielfach eine Jagd nach Reizen, die sich in der Addition eher abschwächen, kann auch als Befreiung von fremdbestimmten Einschränkungen und andressierten Skrupeln wirken. Die Lust am Quiz entsteht primär aus der Beobachtung, ob die jeweilige Antwort gefunden wird, sodass die Reise weitergeht; aber sachliches Interesse an den Fragen ist keineswegs ausgeschlossen. Fanatische Sammeltätigkeit erschöpft sich oft in der Bemühung um Vollständigkeit und lässt das Eigengewicht und den Zusammenhang der Sammelstücke zurücktreten; aber sie kann auch in den Dienst ernsthafter Probleme gestellt werden – es ist kein Zufall, dass die archäologischen Wissenschaften immer wieder von Hobbysammlern profitieren.

Ganz generell ist festzuhalten, dass der Umgang mit Ergebnissen nicht nur auf die einzelne Person rückbezogen werden sollte. In einigen Bereichen ist der damit hergestellte soziale Zusammenhang, und sei er auch noch so kurzfristig, offensichtlich – das gilt etwa für das gemeinsame Spiel oder auch für die flüchtigen Kommunikationsformen, die eben doch Verbindungen und manchmal Gruppierungen schaffen. Mit dem Abrufen von Ergebnissen bewegt man sich ganz grundsätzlich auch in einem sozialen Gefüge. Schon in der Zeit Georg Simmels wurde „die Assoziation durch äußerliches Zusammensein" nach seiner Beobachtung „mehr und mehr durch eine solche nach inhaltlichen Beziehungen ersetzt"; als Konsequenz stellte er die Bildung von Zweckgemeinschaften heraus. In der Zwischenzeit sind die Verhältnisse noch sehr viel bunter geworden, sodass überwiegend transitorische Gemeinsamkeiten der Komplexität begegnen; wer Sportergebnisse registriert oder eine Quizsendung verfolgt, ist damit ja nicht allein, sondern teilt dieses Verhalten mit Anderen, mit denen auch Verständigung darüber möglich ist.

Die Beobachtung und Feststellung, dass irgendwelche Ergebnisse schnell abgehakt werden, sollte die Frage nach überschießenden Motiven und größeren Zusammenhängen nicht blockieren. Umgekehrt ist aber auch davor zu warnen, banale Verhaltensweisen allzu bereitwillig mit bedeutenden Motiven und höheren Zielen in Verbindung zu bringen. Der englische Tierpsychologe Conwy Lloyd Morgan erhob schon Ende des 19. Jahrhunderts die Forderung, Verhalten grundsätzlich nicht aus höheren mentalen Fähigkeiten abzuleiten, wenn es sich auch als Ausfluss eines niedrigeren Vermögens erklären lässt. Morgan bezog sich auf Tiere, bei deren Verhalten er mehr auf Instinkt und Konditionierung setzte als auf Formen des Bewusstseins. Die neuere Tierpsychologie geht hier aufgrund von Beobachtungen und Experimenten andere Wege, und Morgans Annahme lässt sich ohnehin nicht einfach auf den Menschen übertragen – aber richtig ist sicher, dass auch für menschliches Verhalten nicht immer höhere Motive maßgebend sind, dass man also bei Erklärungsversuchen in vielen Fällen besser nicht gleich nach dem Tugendkatalog schielt.

Doch auch die banale Form des Abrufens und Abhakens von Ergebnissen ist nicht nur psychischer Müll. Albert Einstein, berühmter als sein Vetter Norbert, bewegte sich bekanntlich extrem produktiv in universalen Bezügen; doch von ihm stammt auch die Bemerkung: „Holzhacken ist deswegen so beliebt, weil man bei dieser Tätigkeit den Erfolg sofort sieht." Gewiss, Einstein hat hier eine nützliche und notwendige Tätigkeit vor Augen, die zudem erhebliche Anstrengung kostet. Aber das Befriedigende an der Tätigkeit ist nicht nur eine Konsequenz erfolgreicher Bemühung, sondern auch einfach die Tatsache, dass mit jedem Schlag ein neues, sichtbares Ergebnis erzielt wird. Und dies ist eine Parallele zu dem hier ins Auge gefassten, meist allerdings weniger anstrengenden Modus der Ausrichtung auf Ergebnisse. Dabei kommt ins Spiel, was man als *Funktionslust* bezeichnen könnte. Dieser Begriff bleibt im Allgemeinen für die Entwicklung von

Kleinkindern reserviert, welche die Entfaltung ihres Bewegungsapparats und die damit wachsenden Betätigungsmöglichkeiten positiv erfahren. Aber die Bezeichnung drängt sich auch für die von Hebel geschilderte Aktivierung der verschiedenen Sinne auf, und er taugt auch als Antwort auf die Frage, warum die flüchtige, vielfach punktuelle Begegnung mit Ergebnissen gesucht wird.

Flüchtigkeit ist ein Zeitbegriff, und zweifellos gehört das rasche und meist kurzfristige Abrufen von Ergebnissen in den Zusammenhang der Beschleunigung unseres Lebens, die in den letzten Jahrzehnten in einer ganzen Reihe von Studien untersucht und erörtert wurde. Diese Studien greifen meistens weit aus in ihren Erklärungen. Hartmut Rosa sieht beispielsweise *„die Veränderung der Zeitstrukturen in der Moderne"* (so der Untertitel seines Buchs *„Beschleunigung"*) als Folge der Säkularisation: Da der Glaube an die jenseitige Unendlichkeit geschwunden ist, versuchen die Menschen vor ihrem Tod „unendlich viel unterzubringen". Paul Virilio, um noch ein zweites Beispiel anzuführen, arbeitet mit einer schwierigen, kosmisch-physikalisch ausgerichteten Argumentation; aber was von seinem Werk ins allgemeinere Wissen aufgenommen wurde, steckt im deutschen Titel *„Rasender Stillstand"*, der oft mit dem populären Beispiel ausgemalt wird, dass die Vermehrung von Autos zum Stau führt. Die Beschleunigung wird meist an konkreten gesellschaftlichen Zusammenhängen nachgewiesen, die verwandt sind mit den hier beschriebenen Usancen des Abrufens von Ergebnissen. Wenn John Tomlison *„The Culture of Speed"* (dies ist der Haupttitel seines Buchs) unter anderem in „a culture of instantaneity" ausgedrückt sieht, nimmt er Beobachtungen zur Ergebnisgesellschaft vorweg.

Aber es fragt sich, ob der Befund nicht etwas stärker von der Zeitschiene entfernt werden muss. Der Modus des Abhakens von Ergebnissen kommt ja nicht zustande, weil die Menschen ständig die Geschwindigkeit erhöhen, sondern sie erhöhen die Geschwindigkeit, weil sie konfrontiert sind mit einer Vielzahl potenzieller Ergebnisse – sie wollen nichts versäumen. Ihre Reaktion ist *Multitasking* in einem etwas erweiterten Sinn. Der Begriff kennzeichnet zunächst spezielle Techniken von Vielbeschäftigten: Sie geben den Mitarbeitern Anweisungen durch Gesten, während sie mit einem Kunden telefonieren; sie überprüfen geschäftliche Mails, solange sie sich von den eigenen Kindern erzählen lassen; sie konzipieren eine Rede und verfolgen daneben die Tagesschau. In einem strengen Sinne zeitgleich werden die Handlungen nicht ausgeführt, Aufmerksamkeit lässt sich nicht wirklich in ein und demselben Moment gabeln; aber in weniger striktem Sinn *gleichzeitig* werden verschiedene Aufgaben gelöst. Das generelle Multitasking der Ergebnisgesellschaft erlaubt auch ein Nacheinander; aber die Möglichkeiten und Reize sind so dicht gelagert, dass sie das schnelle Abarbeiten nahelegen, das leicht zum Abhaken degeneriert.

Der Diskurs um Beschleunigung mündet vielfach in den Vorschlag der *Entschleunigung*, die theoretisch gefordert, aber auch mit praktischen Projekten angestrebt wird. Der österreichische Philosoph Peter Heintel beispielsweise plädierte in verschiedenen Schriften für ein neues Konzept der gesellschaftlichen Entwicklung, eines seiner Bücher trägt den Titel *„Intermezzo – Fortschritt braucht Zeit"*; er gründete aber auch schon vor mehr als zwei Jahrzehnten den *Verein zur Verzögerung der Zeit.* Das stärkste Echo haben solche Bemühungen in einem Milieu gefunden, das durch höhere Bildung und auch höheres Einkommen charakterisiert ist. Die Zahl derjenigen, die sich zur Meditation in ein Kloster zurückziehen wollen und können, ist klein; und auch Ausgleichs- und Konzentrationspraxen wie Yoga bilden trotz deutlich gesteigerter Nachfrage keine Volksbewegung. In der alltäglichen Kultur hat sich wenig geändert.

Meine Beobachtungen auf verschiedenen Feldern der Alltagskultur beschränken sich weitgehend auf die Schilderung von Entwicklungstendenzen – mit unvermeidlichen Anflügen von Kritik, aber nicht mit Lösungen, die wie Erlösungen präsentiert werden. Auch der Rückblick auf die gesamte Darstellung kann und soll nicht in moralisch gefärbte Gebrauchsanweisungen für eine bessere Zukunft münden. Aber die Frage nach einer möglichen Veränderung der Ergebniskultur lässt sich nicht ignorieren.

Die Beschleunigung fast aller Vorgänge begleitete die Urbanisierung, die das quirlige und bunte Leben hervorbrachte, das für die großen Städte charakteristisch ist; und die fortschreitende Modernisierung hat viele Prozesse im geschäftlichen wie im privaten Bereich weiter beschleunigt. Auf die so entstandene Vielfalt der Möglichkeiten und auf den raschen Zugriff haben sich die Menschen inzwischen mehr und mehr eingestellt; als Symptom kann die Fähigkeit junger Menschen angeführt werden, auf Botschaften aus dem Netz in erstaunlicher Geschwindigkeit mit eigenen Texten zu reagieren. Vielleicht ist Entschleunigung gar nicht der effiziente Ansatz für die gewünschte Veränderung. Es geht um Bescheidung, um die Reduktion von Wünschen und die Anerkennung von Einschränkungen in vielen Bereichen. Sicher Hand in Hand mit Geschwindigkeitskontrollen im Konsum und auf anderen Feldern. Aber es geht nicht um Langsamkeit, sondern um den souveränen und gelassenen Umgang mit der Vielzahl angebotener Möglichkeiten, was allerdings den möglichen Verzicht einschließt.

Zu guter Letzt möchte ich mich bedanken. Bei Aikaterini Filippidou für die Gestaltung des Covers sowie für die zügige und zuverlässige Arbeit an der Druckvorlage, bei Fabian Wiedenbruch für die Mitarbeit am Layout. Ich danke Wolfgang Alber und Thomas Thiemeyer für redaktionellen Rat und Hilfe. Und ich bin dankbar, dass meine kleine Studie in das Programm des TVV-Verlags aufgenommen und schnell publiziert wurde.

Ich liege aber hoffentlich nicht ganz schief, wenn ich die Publikation auch als Geschenk an die TVV und an das Ludwig-Uhland-Institut für Empirische Kulturwissenschaft verstehe, mit dem ich meinen Dank für Jahrzehnte der Unterstützung und freundlicher Verbundenheit bezeuge. Auch wenn der Essayband auf einzelne empirische Analysen generell kaum eingeht und die weitgespannte Forschung des Tübinger Instituts nicht ausdrücklich diskutiert, verdankt er doch viel der lebendigen wissenschaftlichen Kommunikation, die das Institut auszeichnet.

Foto: Manfred Grohe

Hermann Bausinger, seit 1960 Professor der Universität Tübingen, leitete dort bis zu seiner Emeritierung 1992 das Ludwig-Uhland-Institut für Empirische Kulturwissenschaft. Mit seinem in sieben Sprachen, zuletzt 2014 ins Chinesische übersetzten Buch „Volkskultur in der technischen Welt" trug er wesentlich zur Modernisierung des Fachs bei. Neue Wege ging er auch in zahlreichen Arbeiten zur sprachlichen Kommunikation, zur Erzählforschung, zur Mediennutzung, zum Sport, zum Tourismus, zu Integrationsproblemen. In vielen Beiträgen befasste er sich mit der regionalen Geschichte und Tradition, richtete den Blick in den Büchern „Deutsch für Deutsche" und „Typisch deutsch" aber auch auf die nationale Kultur und ihre internationalen Verflechtungen.

Reinhard Johler und Bernhard Tschofen (Hg.)

# Empirische Kulturwissenschaft
# Eine Tübinger Enzyklopädie

Seit 45 Jahren setzen die „Untersuchungen des Ludwig-Uhland-Instituts" Maßstäbe. Die zunächst mit „Volksleben" überschriebene Reihe hat nicht nur die Fortentwicklung der Volkskunde zur Empirischen Kulturwissenschaft eingeleitet und bald den „Abschied vom Volksleben" im eigenen Titel vollzogen, sondern sie begleitet seither in Monographien und Sammelbänden die Diskussionen um Standort und Zugangsweisen des „Vielnamenfaches" weit über Tübingen hinaus. Bände der Reihe haben der Kulturwissenschaft neue Felder erschlossen, haben Konzepte der historischen und ethnographischen Forschung erprobt und vor allem empirisch vertieft. Sie dokumentieren bis heute Kontinuität wie Dynamik der Arbeit im Ludwig-Uhland-Institut und das hier praktizierte Verständnis einer Analyse popularer Kulturen.

Tübingen 2015, 2. Auflage
708 Seiten, illustriert
ISBN 978-3-932512-47-6

Erhältlich im Buchhandel oder direkt beim Verlag

Tübinger Vereinigung für Volkskunde e.V.
Schloss - 72070 Tübingen
07071/2972374 - info@tvv-verlag.de www.tvv-verlag.de

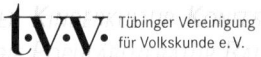

tv.v. Tübinger Vereinigung
für Volkskunde e. V.

M. Scheer, T. Thiemeyer,
R. Johler, B. Tschofen (eds.)

# Out of the Tower
## Essays on Culture and Everyday Life

This collection of essays represents recent work emerging from the "Haspelturm," the southwest tower of Tübingen Castle, in which the Ludwig-Uhland-Institut für Empirische Kulturwissenschaft is located. Covering three generations of faculty – retired and current, as well as advanced doctoral students – the essays demonstrate the spectrum of cultural research being conducted at the university's department of historical and cultural anthropology today. Reflecting the discipline's overall "practical turn," they highlight Tübingen's ongoing interest in local ethnography, material culture, cultural diversity, and historical as well as ethnographic approaches. These are essays which have not only come out of the institute's rooms in the tower, but encourage a study of culture which goes beyond the (ivory) tower and engages with the everyday lives of ordinary people.

Tübingen 2013 – 336 Pages – ISBN 978-3-932512-93-3
Available in bookstores or directly: www.tvv-verlag.de

tvv Tübinger Vereinigung
für Volkskunde e.V.